Rumbo a las Indias

Gonzalo Zaragoza

ANAYA

Colección: Biblioteca Básica
Serie: Historia (Vida Cotidiana)

Diseño de la serie: Narcís Fernández

Maquetación: Pablo Rico

Ayudante de edición: Mercedes Castro

Coordinación científica: Joaquím Prats i Cuevas
(Catedrático de Instituto y
Profesor de Historia de la
Universidad de Barcelona)

Coordinación editorial: Juan Diego Pérez González
Enrique Posse Andrada

Telémaco, 43. 28027 Madrid
Primera edición, junio 1989
Segunda edición, corregida, julio 1992
I.S.B.N.: 84-207-3356-3
Depósito legal: M-18.637-1992
Impreso por ORYMU, S. A. C/ Ruiz de Alda, 1
Polígono de la Estación. Pinto (Madrid)
Impreso en España - Printed in Spain

Contenido

Un salto en el tiempo

Una reproducción de la *Santa María* fondea en las aguas del puerto de Barcelona. Cualquiera que suba a ella podrá comprobar sus dimensiones. Es pequeña, recoleta; construida en madera, da la sensación de frágil e inestable. Al verla, nos asalta la idea de que hacía falta estar loco o, al menos, ser un inconsciente para atreverse a surcar las aguas del océano a bordo de este viejo cascarón. Pero en este libro veremos que las apariencias engañan. ¿A quién podría asustarle, a finales del siglo XV, viajar en el navío más avanzado y de mayor maniobrabilidad de la época?

Pero no era eso todo. Estaban las enfermedades, las tormentas, los naufragios, el terror a los pavorosos monstruos marinos de los que hablaban las leyendas. Todo un mundo de temores, algunos infundados, pero muchos (los más), reales. Con el paso del tiempo los adelantos envejecen. Es probable que dentro de algunos años el *Concorde,* hoy ultramoderno, capaz de volar al doble de velocidad que un *Boeing 747,* sea motivo de risa para quien lo contemple, como hoy nos pasa cuando, en alguna rancia película, vemos a toda una familia numerosa recorrer intrépidamente las carreteras españolas a bordo de un minúsculo cochecillo utilitario.

Para comprender cómo se vivía en el pasado hay que dejarse atrás todos los prejuicios: hay que meterse dentro de la camisa de aquellas gentes y pensar, como ellos, que el futuro no existe o que, al menos, resulta impredecible. Subamos, pues, a bordo de una de estas embarcaciones, metámonos en la piel de los viejos marineros, abramos bien los ojos y zarpemos con ellos rumbo a las Indias Occidentales. Esta será la mejor manera de entender cómo era la vida a bordo de una carabela.

1

Aparejando las naves

A lo largo del siglo XV los navegantes portugueses exploraron la costa oriental de África rumbo al Sur. Cada vez se alejaban más de Europa. Su objetivo era bordear todo este continente, llegar a la India y, desde allí, alcanzar las tierras donde se daban las codiciadas y carísimas especias asiáticas. Así estuvieron desde 1434 hasta 1488, años en los que, respectivamente, llegaron al cabo Bojador (casi frente a las islas Canarias) y al cabo de Buena Esperanza. Portugal obtuvo, gracias a sus exploraciones en África, oro, especias y esclavos.

El éxito de Colón en 1492 dio lugar a que la Corona castellana estableciera pequeñas factorías en el Caribe e iniciara la exploración de sus islas, así como la de Centroamérica y las vecinas costas de América del Sur. Mientras se iban explorando nuevos territorios desconocidos para los europeos gracias a pequeñas expediciones subvencionadas por la Corona, en las zonas descubiertas se establecían grupos de colonizadores, que se beneficiaban del trabajo gratuito de los nativos en las minas de oro y en las explotaciones agrícolas.

Hacia 1530, los españoles sojuzgaron a los dos grandes imperios americanos: el azteca, de la meseta mexicana, y el inca, del Perú, estableciendo dos virreinatos, cuyas respectivas capitales eran México y Lima, que constituyeron los dos núcleos centrales en torno a los que giró la explotación del nuevo continente.

La ruta marítima entre Europa y América era bien conocida y segura. Libre por el momento de piratas, pero, sobre todo, de turcos, se iniciaba en Sanlúcar de Barrameda, «donde el río Guadalquivir entra en el mar Océano», para seguir derrota hacia las islas Canarias. Dice el cronista Fernández de Oviedo:

Enrique *el Navegante*, príncipe de Portugal a mediados del siglo XV, fue un impulsor entusiasta de los descubrimientos de nuevas tierras, organizando expediciones a la costa occidental de África y promoviendo el estudio de ciencias como las matemáticas, la astronomía, la geografía y la cartografía.

«Allá tocan una o dos de aquellas siete que son, y es en Gran Canaria o en la Gomera; y allí los navíos toman refresco de agua y leña y quesos y carnes frescas, y otras cosas, las que les parece que deben añadir sobre el principal bastimento, que ya desde España llevan.»

Entremos en nuestra historia. Corren los últimos años del siglo XV. Ya son fábula las riquezas de las Indias. Dicen que Colón, ese extranjero, a su regreso, recorrió los caminos de España con una fastuosa comitiva de tesoros, animales e indígenas de piel cobriza. Son miles los voluntarios para la próxima expedición. Más tarde el interés oscilará: tras una expedición con éxito abundarán los voluntarios; por el contrario, tras una expedición fracasada, nadie querrá cruzar el océano Atlántico.

Era de exploraciones

La búsqueda de riquezas era un objetivo fundamental para los que emprendían la aventura de ultramar. Aquí, pescadores de perlas indígenas en la costa venezolana, en el siglo XVI; de su esfuerzo se aprovechaban los colonizadores.

Los preparativos

Sevilla, la ciudad volcada al comercio americano, con el Guadalquivir como punto de partida y llegada de la ruta a las Indias Occidentales.

Sevilla es la llave de las Indias: el único puerto autorizado para armar expediciones. Sólo pueden dirigirse a las Indias navíos castellanos autorizados. La ciudad ha crecido de forma espectacular. En el Guadalquivir se agolpan los navíos y los mercaderes. Marineros y pueblerinos que esperan su oportunidad sueñan con conquistas y aventuras. La Casa de Contratación controla celosamente todas las expediciones: los funcionarios de la Corona están sobre aviso para evitar trampas y chantajes.

Hay flotas regulares de comercio, pasajeros y pertrechos. Y hay expediciones descubridoras: unas a sueldo de la Corona; otras, organizadas por particulares. En estas últimas es necesario fiarse de que el capitán pague o dé la parte correspondiente de botín o de rescate, pues los marineros van «proveídos» a costa del capitán. Este, por su parte, ha firmado un acuerdo o capitulación con el rey o con sus representantes. Dice algo así:

«Damos liçencia a vos el dicho comendador Alonso Vélez de Mendonça para que con quatro navíos os vayades a vuestra costa en minsyón por el dicho mar Oçeano a descubrir e descubrais yslas e tierra firme a las partes de las Yndias...»

No puede ser marinero cualquiera. Hay que ser castellano («natural destos reinos») y cristiano viejo. Desde 1503, la Casa de Contratación, encargada de seleccionar a los pasajeros, exige reputación intachable y probados sentimientos religiosos. Excluye a conversos y musulmanes. Existen severas penas para quienes embarquen sin autorización, pero todo el mundo sabe que también existen mil formas de esconderse y de burlar las leyes.

Hay muchos que desean huir, ya sea de un amo cruel, de un delito, de una situación de miseria, o de la mujer. Pero ¡cuidado si quieres abandonar a tu familia! Porque si se descubre que estás casado, precisas de un permiso dado por tu mujer ante notario, válido sólo por tres años.

Los que llevan el peso de toda la expedición son, claro está, los marineros y los grumetes: los «profesionales». Pero embarcan muchos más, con funciones diversas, aunque necesarias. También quienes van a Indias para trabajar o residir allá, y en la travesía no pegan ni golpe.

Los preparativos

En la época de Carlos I se consolidaron las posesiones españolas en las Indias. De los nuevos territorios llegarían los fondos necesarios para soportar las enormes cargas que la política real imponía a la economía española. El rey Carlos deseaba restaurar el viejo Sacro Imperio Romano, uniendo toda Europa bajo la fe cristiana.

Los tripulantes

En el primer viaje de Colón pocos eran los no profesionales. Vamos a verlo según datos aproximados, pues ni siquiera sabemos con certeza si fueron 90, 100 o 120 los tripulantes:

— La *Santa María* llevaba al parecer once marineros, diez grumetes y doce personas más (el propietario, el piloto, el escribano, el intérprete, el médico y siete oficiales).

— La *Pinta,* diez marineros, ocho grumetes y otros siete hombres más (capitán, maestre-propietario, piloto, médico y tres oficiales).

— La *Niña,* ocho marineros, seis grumetes y otros siete tripulantes (capitán, maestre-propietario, piloto, médico y tres oficiales).

Colón prefería la *Niña,* más estable y nerviosa, a la *Santa María,* de mayor tamaño pero menos manejable; por eso la utilizó (la *Santa María* naufragó el 25 de diciembre de 1492) como nave capitana en el regreso de su primer viaje. La *Niña* era una carabela redonda, de 21 m de longitud por 7 de anchura, de cuatro palos, con una bodega de más de 2,5 m, capaz de transportar 51 toneladas de carga. Esta imagen de la *Niña* nos permite ver cómo era, probablemente, su estructura interna.

Es decir, de cada diez tripulantes, seis eran profesionales de la mar y cuatro no. Pero fue aquélla una expedición muy reducida, en la que apenas si había especialistas o arte-

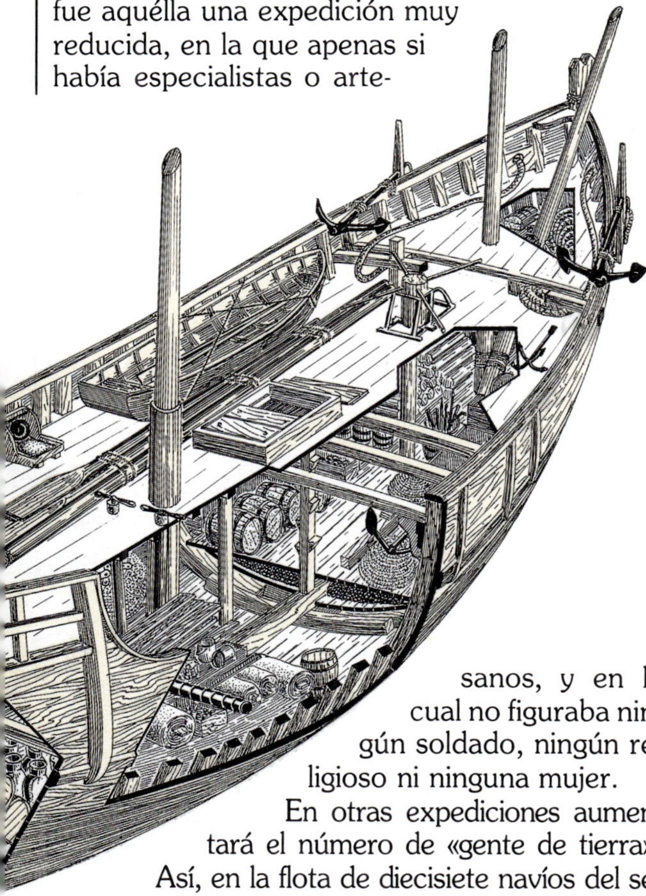

sanos, y en la cual no figuraba ningún soldado, ningún religioso ni ninguna mujer.

En otras expediciones aumentará el número de «gente de tierra». Así, en la flota de diecisiete navíos del segundo viaje de Colón, que partió de Cádiz en septiembre de 1493, fueron 500 marineros, 700 pasajeros y 300 «imprevistos» que se habían escondido a bordo. Seguro que entre ellos iban también mujeres.

En la expedición de Magallanes que dio la vuelta al mundo (1520), los tripulantes de sus cinco barcos tenían las siguientes profesiones:

—capitán mayor
—capitanes pilotos (4) y pilotos (5)

Los tripulantes

Las carabelas eran barcos procedentes de los cárabos árabes. Su casco ligero, su aparejo latino y su forma alargada las hacía muy manejables. Los portugueses, los primeros que empezaron a construirlas, las perfeccionaron notablemente, utilizando un tipo de velas redondas más adecuadas que las latinas para la navegación atlántica. Los marinos andaluces las copiaron, dotándolas de algunos elementos característicos.

Los tripulantes

El navegante portugués Hernando de Magallanes participó activamente en las conquistas portuguesas. En el año 1517, disgustado con el rey de Portugal, ofreció sus servicios a Carlos I de España, y en 1519 partió con cinco naves en busca de un paso que le llevara al Pacífico. En su viaje demostró la esfericidad de la Tierra, así como que América era un continente distinto de Asia. Murió en la expedición, que fue completada por Elcano, quien regresó a España en 1522.

—contramaestres (5) y maestres (5)
—alguaciles (2)
—cirujano (1) y barberos (3)
—carpinteros (5)
—despenseros (5)
—calafates (7)
—toneleros (3)
—marineros (47), grumetes (47) y pajes (11)
—lombarderos (11)
—criados (24)
—sobresalientes (20)
—clérigos (4)
—merinos (4)
—armero (1) y herreros (3)
—lenguaraz (1)
—contador (1)
—hombre de armas (1).

Sumando capitanes, pilotos, maestres, contramaestres, marineros, grumetes y pajes, nos da un total de 125 «expertos» frente a los 265 embarcados, es decir, menos de la mitad. Entre los marinos se esconde mucha gente sin trabajo o que escapa de la justicia. Además, si no se encontraban bastantes tripulantes podían hacerse levas forzosas, obligando por las buenas o por las malas a los infelices que circulaban por una calle a subir a bordo y hacerse marineros.

Olvidemos a estos infelices y pasemos a los marinos de profesión. Pajes y grumetes son los aprendices de lobos de mar. Tienen de 13 a 17 años los primeros y de 18 a 20 los segundos. Igual trepan por los palos que arrían velas, preparan la comida o friegan la cubierta. Son criados para todo, con frecuencia a merced de los caprichos de los marineros veteranos. Sin embargo, como es habitual que varios miembros de la misma familia embarquen juntos, aunque el paje fuese un pequeñajo había que andarse con ojo para no ganarse la antipatía de un fornido y veterano piloto, tal vez su hermano o su tío.

El maestre o capitán lleva el mando del buque; el piloto está encargado de la ruta, del rumbo, del cálculo de la posición. El contramaestre depende de ambos y distribuye el trabajo a bordo. El escribano anota los rescates, la carga, y actúa de notario. El veedor (cargo importante y codiciado) lleva las cuentas y tiene la obligación de hacer cumplir las múltiples normas y ordenanzas, llevando la relación de personas, mercancías y gastos, con las consiguientes posibilidades de hacer trampa y de enriquecerse. El tonelero cuida de toneles y pipas, asegurando el aprovisionamiento de agua; calafates, carpinteros y buzos se ocupan del casco del navío, sobre todo en las escalas. Los cirujanos solían ser barberos con alguna experiencia en traumatología práctica y buena voluntad, que no ciencia.

Subir todos los pertrechos a bordo, «aparejar los navíos», constituía un abigarrado y pintoresco espectáculo en Sevilla. Mientras se reparan, limpian, carenan y pintan los barcos, comienzan

Los tripulantes

Escribanos, contramaestres, toneleros, cirujanos... todo un abigarrado conjunto de personajes, algunos con oficio, otros sin él, constituían la tripulación de los navíos que partían rumbo a las Indias. Los préstamos para el viaje, las mercancías transportadas, los sueldos, los rescates, todo había de ser contabilizado y registrado por los escribanos y los oficiales reales. Todos, profesionales o aventureros, esperaban obtener buenos beneficios de su aventura.

Provisiones para el viaje

a entrar en sus bodegas barriles, toneles, cajas, fardos y sacos con provisiones, animales, objetos y mercancías variadas. Tengamos en cuenta que durante los treinta días de travesía apenas si se pesca algo o se caza algún pájaro, y la mayor parte de lo que se come y se bebe debe llevarse a bordo.

Cristóbal Colón cargó en 1492 sus tres navíos con víveres para quince meses y agua para seis. Como sólo tardaron un mes en llegar a las supuestas Indias, los expedicionarios pudieron sufrir del miedo a lo desconocido, pero no de hambre ni de sed. Más adelante, la ración diaria por pasajero solía ser de 1,5 a dos libras de bizcocho o galleta, de media a una libra de tasajo o carne salada, un cuarto de libra de arroz o legumbres secas, un litro de agua, tres cuartos de litro de vino, 50 gramos de vinagre y un cuarto de litro de aceite. Según estos promedios, el

Esta montaña de plata descubierta en 1545 en Potosí, en las estribaciones peruanas de los Andes, es todo un símbolo de las riquezas que encerraban los nuevos territorios.

peso total de víveres para cuatro meses y de agua para uno era de unos 500 kilos por cabeza. Según el historiador Chaunu, un navío de 30 toneladas con una tripulación de 15 hombres, en navegación europea, perdía 7,5 toneladas de espacio para cubrir las necesidades de la tripulación. Pero en una expedición de descubrimiento, con 30 tripulantes, este espacio se transformaba en 22,5 toneladas, es decir, todo el disponible en el navío.

Conocemos muchas listas de los «bastimentos» o productos alimenticios que se embarcaban y ya hemos indicado algunos productos clave, como el bizcocho o galleta, el tasajo, el arroz, las legumbres secas, el vino... ¡y el agua! Veamos ahora un caso concreto. En la expedición de Magallanes, las cantidades embarcadas (el fondo común, no la despensa privada de capitanes y oficiales) para los 265 expedicionarios fueron éstas:

1. Ajos, 250 ristras
2. Alcaparras, una jarra

Provisiones para el viaje

Transportar los numerosos utensilios que se necesitaban en las Indias, así como almacenar y conservar los alimentos necesarios para el viaje, eran parte de los problemas que se planteaban a los encargados de preparar las expediciones a los nuevos territorios.

Provisiones para el viaje

El reloj de arena era, para los navegantes del siglo XVI, el principal instrumento de medida del tiempo. Por lo general estaban construidos para medir las horas y las medias, y se podían calcular los cuartos. Era frecuente que se obturasen por causa de la humedad.

3. Almendra con cáscara, nueve fanegas y 36 celemines
4. Anchoas, 150 barriles
5. Arroz, 222 libras
6. Azúcar, 272 libras
7. Bastina seca para pescado, 14 arrobas
8. Bizcocho, 2.078 quintales, 12 arrobas y 75 libras
9. Carne de membrillo, 70 cajas
10. Ciruelas pasas, 200 libras
11. Garbanzos, nueve botas y 82 fanegas y media
12. Habas, 42 fanegas y media
13. Harina, cinco pipas
14. Higos, 16 seras y 16 quintales
15. Lentejas, 24 celemines
16. Miel, 39 botijas y media, 46,5 arrobas y tal vez dos libras
17. Mostaza, 18 jarras
18. Pasas de sol y lejía, 75 arrobas
19. Pescado seco y bastina, 245 docenas
20. Quesos, 111 arrobas y 42 libras
21. Sardina blanca para pescar, cinco jarras con 10.000 sardinas en total
22. Tocino añejo, 227 arrobas y 37 libras
23. Vacas, 6.

Las medidas que se empleaban en el siglo XVI no se parecen mucho a las actuales. Hoy resulta fácil comparar magnitudes, pero entonces resultaba complejo, pues los nombres variaban y una misma medida (la vara, la libra) podía tener distinto valor en las diversas regiones de España. Una arroba podía pesar 25 libras (11 kilogramos y 502 gramos); una pipa solía equivaler a 484 litros; la bota es una cuba para líquidos, con diversas capacidades; la botija es simplemente una vasija de barro de cuello corto.

Van subiendo a bordo, rumbo a la bodega, en procesión interminable, no sólo los «bastimentos» sino también todo tipo de objetos que crearán un pequeño mundo doméstico sobre las olas, y que permitirán la conquista, el comercio o el asentamiento. Volvamos a las cinco naves de la expedición de Magallanes y veamos todo lo que en ellas se embarca:

— Armas: 100 coseletes con armaduras de brazos, espalderas y capacetes; 100 petos con barbotes y casquetes; seis ballestas, 50 escopetas, 200 rodelas, seis hojas de espada, 95 docenas de dardos y 95 de gorguces, mil lanzas, 200 picas, seis chuzas y seis astas de lanza.

— Artillería: 58 bersos, siete falcones, tres lombardas, tres pasamuras.

— Instrumentos náuticos: 25 cartas de marear, seis pares de compases, 21 cuadrantes, seis astrolabios de metal y uno de madera, 35 agujas de marear, 18 relojes de arena.

— Mercancías para rescate: Azogue, bermellón, alumbre, 30 piezas de paños de colores, azafrán, grana de Valencia, peines, cobre en pasta, manillas de latón y de bronce, 20.000 cascabeles, 400 docenas de cuchillos de Alemania, 50 docenas de tijeras, mil espejos pequeños, 500 libras de cristales de colores.

— Pólvora y municiones (sin especificar).

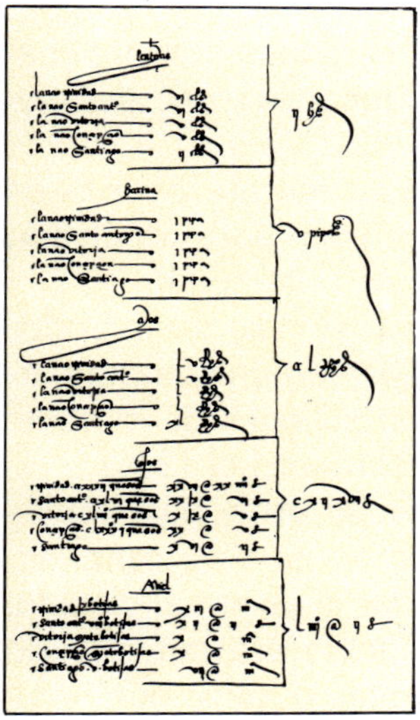

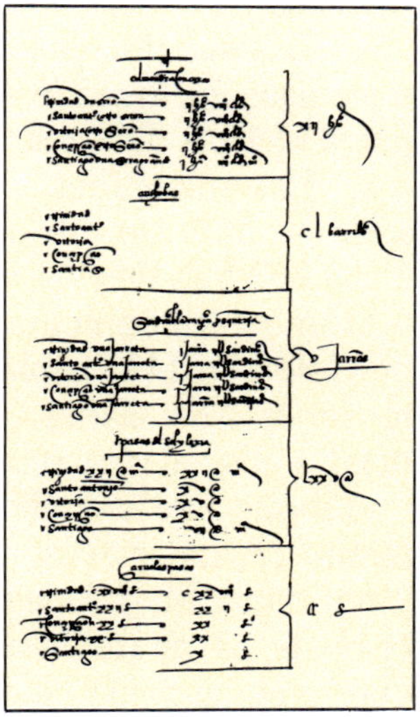

Un gran baúl

He aquí la lista de las provisiones que llevó Magallanes en su expedición en busca del Pacífico. A la derecha de cada columna están escritos los nombres de los cinco navíos que formaron parte de la expedición (*Trinidad, Concepción, San Antonio, Victoria* y *Santiago*).

Un gran baúl

Francisco Pizarro, el conquistador del Imperio Inca, tuvo que vencer un sinfín de dificultades para conseguir fondos con los que costear la expedición que le llevaría a la fama. La búsqueda de dinero para financiar los viajes constituía la mayor angustia de todo descubridor.

— Útiles varios: Entre ellos, cinco ollas grandes de cobre, cinco calderas grandes de cobre, dos hornos, candelas de sebo, pábilo, 80 linternas, 40 carretadas de leña, 40 varas de cañamazo para manteles, 94 gamellas, 100 galledas, 200 escudillas, 66 platos de palo, martillos, candados, 50 azadas y azadones, hierro en barras, 128 esteras, espuertas, serones, chinchos, 10.500 anzuelos, una fragua con su aparejo, tambores, panderos, lonas, sacos de cáñamo, sierras, 417 pipas para vino y agua, 253 botas, 129 botijas, medicinas, ungüentos, aguas destiladas, 15 libros blancos, 80 banderas.

¿A cuánto ascendía, pues, el coste de una expedición como la de Magallanes? A casi nueve millones de maravedíes, distribuidos así:

— Los cinco barcos, incluyendo aparejos, artillería, pólvora y armas, 3.912.241 maravedíes (el 44 % del total).

— Las «cosas de despensa y aparejos de pesquería», cartas e instrumentos náuticos, 415.060 maravedíes (el 5 %)

— Los comestibles y bebidas, 1.585.551 maravedíes (el 18 %).

— Los salarios de 237 personas durante cuatro meses, incluyendo a capitanes y oficiales, suponía el 13 % del total.

— Las «mercaderías para rescate y ropas de seda y paño y otras cosas para dádivas», 1.683.769 maravedíes (el 20 % del total).

Como cifra comparativa, el viaje descubridor de Colón en 1492 había costado una cuarta parte del de Magallanes (dos millones de maravedíes), y los salarios representaron el 12 %.

Aunque una expedición se proponga simplemente cruzar el Atlántico en un viaje rutinario, y no, como Magallanes, dar la vuelta al planeta, el coste de aparejar un navío era tan elevado que, o se disponía de capital, o había que recurrir a alguien, pues la Corona no solía ser generosa. Así, Pizarro, para su expedición al Perú, encargó a Almagro que sacara fondos de donde fuera. Cuenta el cronista Cieza de León que:

«Aunque ellos tenían haciendas, estaban empeñadas y ellos obligados a mil deudas; mas aunque esto era así, Almagro era tan diligente como saben los que lo conocieron: estaba tullido, que no podía andar; puesto a una silla, a hombros de esclavos, anduvo por la ciudad buscando entre sus amigos dinero para lo dicho; juntó lo que pudo, que fueron mil y quinientos castellanos, poco dinero para ir a pedir tan grande empresa.»

Un gran baúl

Llevar animales a bordo representaba otro problema, que se resolvía con paciencia e ingenio. Los caballos resultaban especialmente difíciles, ya que el mal tiempo podía asustarlos y hacer que se encabritasen. Aquí vemos uno de los métodos que se utilizaban en el siglo XVI para sujetar a los caballos en las bodegas de los barcos.

2

Esos sufridos navíos

La carabela, elemento clave de los descubrimientos españoles, era el resultado de una larga evolución en la técnica de la construcción naval. Entre el siglo IX y el XV los barcos europeos se habían ido transformando. Lo que en un principio era un navío abierto, una enorme barcaza impulsada por una sola vela de cuero o de lona, se había convertido en un medio de transporte verdaderamente ágil.

En Europa coexistieron durante varios siglos dos tipos de navíos, los nórdicos y los mediterráneos. Conocido ejemplo de los primeros, los knorr vikingos de una sola vela cuadrada, con los que llegaron hasta Islandia y América: eran navíos largos, provistos de remos, que a mediados del siglo XIV tenían ya casco alto, timón y proa afilada. Esos barcos nórdicos estaban construidos a base de planchas de madera clavadas unas sobre otras, pues sus constructores desco-

Los buques experimentaron una notable evolución a lo largo del medievo. Este barco de finales de la Edad Media, de una sola vela cuadrada, podía ser maniobrado fácilmente por tan sólo diez hombres. Arriba, típica embarcación vikinga del siglo XIII.

nocían la sierra y eran incapaces de cortar los maderos con precisión para ensamblarlos.

El tipo de barco mediterráneo tradicional había sido redondo, de vela latina o triangular, lento, poco manejable pero con gran capacidad de carga. En los astilleros, las planchas, bien cepilladas, se colocaban arista a arista sobre un costillaje y con calafateado entre medio. Podría decirse, pues, que el navío mediterráneo venía a ser una buena estructura recubierta de planchas de madera, mientras que el nórdico consistía en buenas maderas con mala trabazón. El navío mediterráneo resultaba difícil de impermeabilizar, por lo que solía entrar agua por todas partes.

A mediados del siglo XIV el modelo de barco nórdico llegó al Mediterráneo. De la síntesis de las dos tradiciones navales surgió en Portugal la

Los buques transoceánicos

Muy avanzada respecto de los modelos precedentes, esta nave del siglo XIII, construida por los cruzados, permitía transportar a bordo más de cien hombres con todo su equipo.

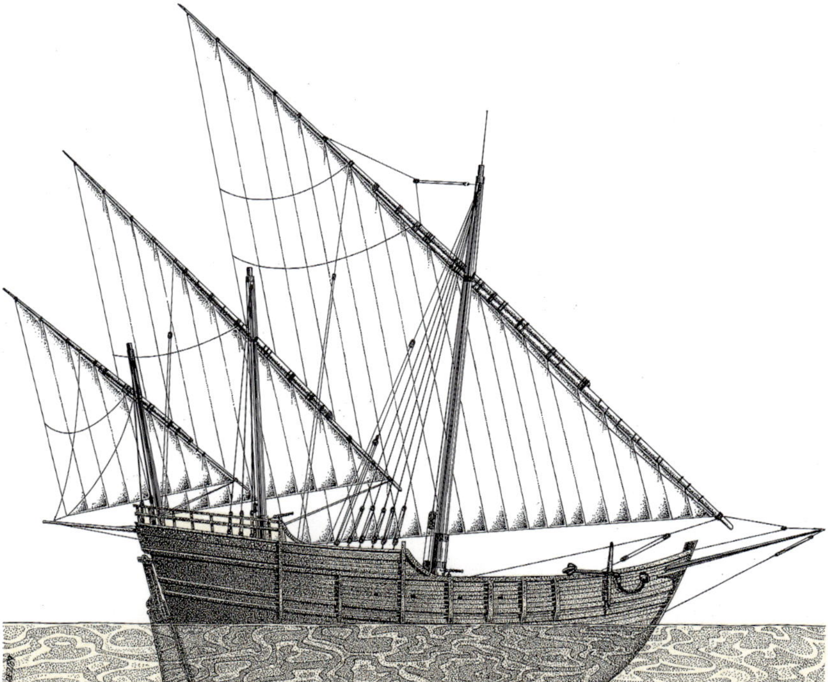

Los buques transoceánicos

carabela (la palabra es de origen árabe); al principio con vela cuadrada y aparejo latino en el palo de mesana. El modelo portugués, con el que se descubrieron las costas africanas, sería luego modificado por los marineros andaluces.

Las famosas «tres carabelas» de Colón fueron, en realidad, dos carabelas y una nao, la *Santa María,* que era la capitana. De este barco no se conserva descripción fidedigna. Suponemos que era un navío de unas 100 o 150 toneladas de carga y 22 a 25 metros de manga. Tenía tres mástiles y cinco velas, las menores útiles sólo para atusar o modificar el rumbo, pero no para impulsar el navío. La carencia de información no ha impedido que se hayan realizado tres reconstrucciones con ocasión de diversas conmemoraciones históricas; una de ellas está anclada en el puerto de Barcelona.

El aparejo de la *Santa María,* normal en una nao, comprendía un palo mayor de dimensión superior a la manga. De la verga mayor se extendía una vela cuadrada inmensa, casi la única que actuaba como vela propulsora. Por encima se extendía una vela más pequeña. El palo de trinquete, mucho más corto que el palo mayor, sólo enarbolaba una vela cuadrada. Del palo de mesana pendía una vela latina y bajo el bauprés

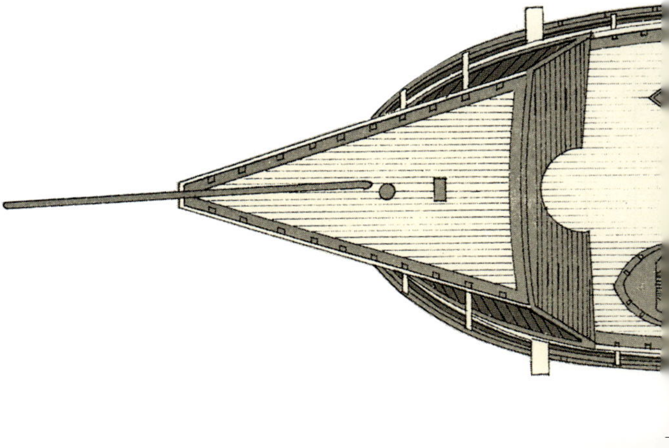

La *Santa María,* aunque no conocemos con certeza su estructura, era al parecer una nao de 100 toneladas, rechoncha, de velamen cuadrado, pesada y no muy manejable. Se supone que en la popa tenía una cámara, que posiblemente serviría de alojamiento a Colón. Las naos eran naves mercantes robustas y pesadas, de alto bordo, que solían construirse en el norte. Su capacidad de carga, como ventaja, era superior a la de las carabelas.

una cebadera cuadrada, que equivalía, en parte, al foque moderno.

Todas las cuerdas eran de cáñamo. Como se destensaban a menudo, había que dedicar mucho tiempo a su revisión y tensado. Unas eran fijas y otras servían para las maniobras, para ladear o bornear las velas, replegarlas o extenderlas, según lo exigieran los vientos.

A Colón no le gustaba su nao capitana, y prefería la *Niña,* a pesar de lo cual llamó *Santa María* a los buques capitanes de sus otros tres viajes. El barco encalló en la noche de Navidad de 1492, por descuido o, según el Almirante, porque el encargado de la guardia la dejó en manos de un grumete que se durmió:

«De que vido el marinero que gobernaba que el Almirante se acostaba para dormir dió el gobernario a un mozo grumete y fuese también a dormir (...) El mozo sintió el gobernario tocar en el bajo y oyó el sonido de la mar y dió voces...»

Según Eugene Lyon, la *Niña* era una carabela de una sola cubierta y cuatro mástiles, aunque tradicionalmente se hubiera supuesto que sólo tenía dos o tres. Ha calculado Lyon que la nave cargaba algo más de 52 toneladas, tenía unos 22 metros de eslora y unos 7 metros de manga. Su

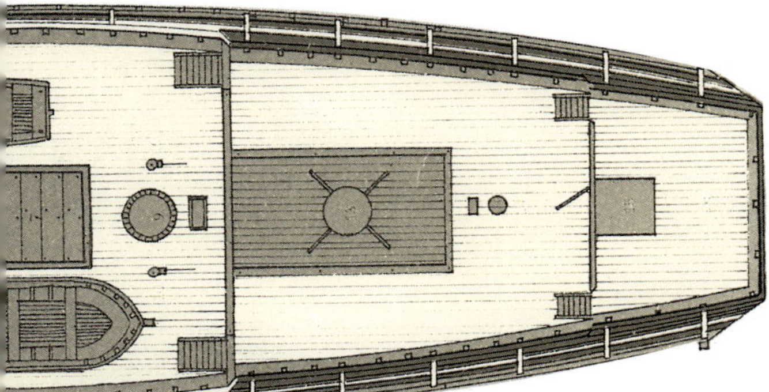

El dibujo de estas páginas recoge los datos que conocemos y los que se suponen acerca de la estructura de la planta de la *Santa María.*

Los buques transoceánicos

aparejo latino inicial (esto es, triangular) se cambió por uno «redondo» (es decir, de velas cuadradas) en las Canarias, en el curso del primer viaje de Colón. La *Niña* (con la que Colón regresó a España tras el descubrimiento) volvió a cruzar el océano en el segundo viaje; regresó a España en 1496 y, tras varias peripecias, el sufrido navío fue reparado y volvió a surcar el océano con 18 toneladas de trigo, 17 toneladas de vino en barriles, unas siete toneladas de bizcocho, casi dos toneladas de harina, más de 2.000 libras de queso, una tonelada de carne salada y cantidades considerables de aceite, sardinas, pasas y ajos.

La tercera nave del descubrimiento, la *Pinta,* propiedad de Cristóbal Quintero, de Palos, era

Entre los marineros con experiencia que acompañaron a Colón en su primer viaje, cuatro pertenecían a la familia Pinzón: Martín Alonso, Vicente Yáñez (a la derecha), Pedro Arias y Juan Martín. Sus conocimientos acerca de la navegación por el Atlántico resultaron trascendentales para el éxito de la expedición.

también una carabela de aparejo redondo, de unas 50 o 60 toneladas de carga.

Los tres navíos del Descubrimiento estaban sujetos fundamentalmente con clavos o pernos de madera, como era corriente en las construcciones de la época: sólo se utilizaban enganches de hierro en lugares clave. Los cascos seguramente iban pintados con colores vivos, como era costumbre, por encima de la línea de flotación, y untados de brea por debajo de ella, para impermeabilizar el casco y protegerlo de los moluscos. Las velas estaban vistosamente decoradas con cruces y escudos. Además, llevaban a bordo muchas banderolas y estandartes, de colores brillantes, que enarbolaban al entrar y salir de puerto o en ceremonias especiales. En lo alto del navío ondeaba —en la *Santa María*— la bandera de la reina Isabel, el castillo y el león; en el palo mayor, la bandera de la expedición, una cruz verde sobre fondo blanco con una corona en cada brazo.

Los tres barcos de Colón llevaban pocas piezas de artillería, casi exclusivamente unas lombardas, más para asustar o para hacer señales que para asaltar barcos o puertos. Cuando se llevaba más armamento fijo, como cañones o falconetes de bronce, solían situarse sobre el castillo de proa o el alcázar de popa.

Las carabelas demostraron sus grandes cualidades en largos recorridos y bajo condiciones meteorológicas muy duras, como el terrible regreso de Colón desde América en 1493, o las proezas de Bartolomé Díaz o de Magallanes.

Entre los avances técnicos de la navegación del siglo XVI figura el recubrimiento del casco del barco con finas láminas de plomo, para impedir que crecieran hierbas o se adhirieran a él moluscos capaces de perforar las planchas de madera (como la terrible «broma» de los mares tro-

Los buques transoceánicos

El estandarte de Colón, que recibió de los Reyes Católicos al ser nombrado almirante de la mar océana, llevaba el castillo y el león que constituyen las armas de los reinos de Castilla y León; las anclas simbolizan su título de almirante; a la derecha, las islas del Nuevo Mundo descubiertas por él; abajo, el emblema personal de Cristóbal Colón.

Los buques transoceánicos

picales), así como el aumento del tonelaje y el cambio del propio diseño náutico.

El problema clave de la carabela consistía en su escasa capacidad de carga. Por ello, para las rutas ya conocidas y seguras, se prefirió un tipo de nave larga, de gran calado y enormes bodegas, el galeón, alto como la nao pero más largo que ésta, de tres o cuatro mástiles, dos puentes y tres o cuatro pisos en popa: podía cargar de 600 a 800 toneladas.

En muchas ocasiones (naufragios, accidentes, infortunios) los españoles de Indias se vieron obligados a construir barcos nuevos. Si contaban con profesionales (carpinteros de ribera se les llamaba) no había problema. Bernal Díaz del Castillo, el historiador que acompañó a Cortés en la conquista de México, cuenta:

«Acordamos hacer una barca para ir en ella a la vela, e con la tablazón e clavos, estopas e jarcias e velas que sacaron del navío que se perdió hacen una buena barca como batel (...) y para matalotaje llevamos de las tortugas e de los lobos marinos asados, y con agua salobre y con la carta e aguja de marear, después de se encomendar a Dios fueron su viaje.»

Cuando faltan profesionales, la necesidad aguza el ingenio. Esto narra Cabeza de Vaca:

«Acordamos hacer navíos en que nos fuésemos. A todos parescía imposible porque nosotros no los sabíamos hacer, ni había herramientas ni hierro, ni fragua, ni estopa, ni pez, ni jarcias (...) ni quien supiese nada para dar industria en ello, y sobre todo no haber qué comer entretanto que se hiciese (...) Otro día quiso Dios que uno de la compañía vino diciendo que él haría unos cañones de palo y que con unos cueros de venado se harían unos fuelles (...) y acordamos de hacer de los estribos y espuelas y ballestas y de las otras cosas de hierro que había los clavos y sierras y hachas y otras herramientas (...) Hicimos coger muchos palmitos para aprovecharnos de la lana y cobertura

Cada barco, como un mundo en miniatura, debía llevar sus propios artesanos, capaces de resolver los problemas que pudieran presentarse: carpinteros, herreros, calafates... Siempre se producían desperfectos que había que reparar, e incluso en algunos casos era preciso construir nuevas embarcaciones.

dellos, torciéndola y adereszándola para usar en lugar de estopa en las barcas; los cuales se comenzaron a hacer con un solo carpintero que en la compañía había, y tanta diligencia pusimos que comenzándola a 4 días a agosto, a 20 días del mes de septiembre eran acabadas cinco barcas, de veinte y dos codos cada una, calafateadas con las estopas de los palmitos, y breándolas con cierta pez de alquitrán que hizo un griego, llamado don Teodoro, de unos pinos; y de la misma ropa de los palmitos y de las colas y crines de los caballos, hicimos cuerdas y jarcias, y de las nuestras camisas velas, y de las sabinas que allí había hicimos los remos (...) y tal era la tierra en que nuestros pescados nos habían puesto que con muy gran trabajo podíamos hallar piedras para lastre y anclas de las barcas (...) Desollamos también las piernas de los caballos enteras y curtimos los cueros de ellas para hacer botas en que llevásemos agua.»

¡Nada es imposible para un aventurero decidido, aunque no se llame Robinsón Crusoe!

Los buques transoceánicos

Construcción de una carraca, embarcación del siglo XV, según la *Crónica de Nuremberg*.

3

Una jornada a bordo

Repleto de bártulos, con la tripulación confesada y comulgada, el barco iniciaba su periplo. Antes de partir era inspeccionado por oficiales de la Casa de Contratación: las primeras veces en Sevilla, para comprobar que el barco —pese a todo— podía navegar, para revisar el equipaje, la identidad de los pasajeros, la autorización del capitán, las provisiones y el armamento; después, en Sanlúcar de Barrameda. Desde allí, los barcos ponían rumbo a las islas Canarias, su primera escala.

Superada la escala de las Canarias comenzaba el largo recorrido. Como hay víveres abundantes, si no ocurre ninguna desgracia, los barcos seguirán su ruta en derechura. Marineros, grumetes y pajes cuidan de la navegación y del mantenimiento del buque. La «gente de tierra» se prepara para soportar un aburrido hacinamiento.

Cuidar el barco es como cuidar la propia casa: siempre hay algo que hacer, y siempre hay que estar pendiente de todo. Tareas habituales eran mantener las cubiertas limpias y expeditas, reparar e izar velas cuando fuese preciso, atar cabos, trepar por los palos, arreglar cuerdas y velas, hacer cuerda nueva con cabos viejos o remendar redes, fregar la cubierta y las batayolas, revisar los aparejos y hacer pequeñas chapuzas y reparaciones.

Por la mañana, tan pronto como se ha evaporado el rocío, había que comprobar que las velas se encontraran en perfectas condiciones, agitándolas.

Para que el barco esté atendido las veinticuatro horas existe un sistema de turnos de cuatro horas que marineros, grumetes y oficiales conocían de memoria y respetaban; suelen cambiarse a las tres, a las siete y a las once.

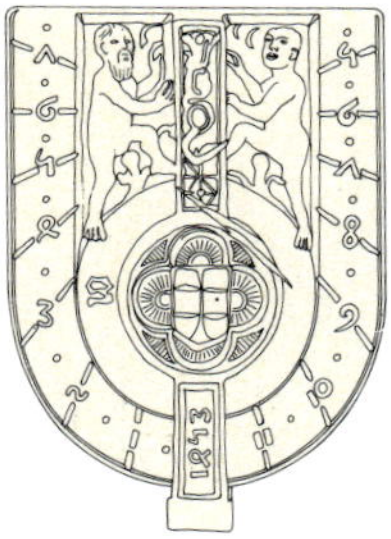

Reloj de sol de bolsillo, de 1453. El indicador de la hora, que proyectaba la sombra del sol sobre los números, estaba protegido bajo la tapa central.

Cada media hora un grumete canta la hora, al dar la vuelta a una ampolleta o reloj de arena. Era un sistema poco preciso, sobre todo en días de tormenta, o en momentos de descuido o de sueño del grumete. La hora podía ajustarse —claro está— a mediodía, comprobando la sombra del sol, que debía tocar el norte de la aguja de marear (la brújula) a las doce en punto.

El grumete «cantaba» la hora, añadiendo una cantilena religiosa que todos conocían. Así, al amanecer, el paje o grumete que había estado de guardia desde las tres de la mañana, al dar la vuelta a la ampolleta, entonaba:

> «Bendita sea la luz - y la santa Veracruz,
> y el Señor de la verdad - y la santa Trinidad.
> Bendita sea el alma - y el Señor que nos la manda,
> bendito sea el día - y el Señor que nos lo envía.»

Después rezaba un Padrenuestro y un Avemaría, para concluir con este saludo:

El paso de las horas

Los navíos que unían Europa y América constituían en las primeras etapas de la colonización un apoyo indispensable para los primeros colonos europeos.

El día a bordo

«Dios nos dé los buenos días; buen viaje, buen pasaje tenga haga la nao, señor capitán y maestre y buena compaña, amén. Así faza buen viaje, faza; muy buenos días dé Dios a vuestras mercedes, señores de popa y proa.»

De día renacía la vida a bordo: el nuevo turno de guardia ocupaba sus puestos. El timonel indicaba el rumbo al capitán de la guardia, que lo comunicaba a su vez al nuevo timonel. Había un vigía en popa y otro en proa; los marineros relevados pasaban los cálculos de velocidad y distancia transcurrida de la pizarra donde los habían anotado al diario de a bordo. Se limpiaba la pizarra para que pudiera anotar allí sus observaciones el nuevo turno de guardia.

Los marineros se desperezaban; estiran la ropa (normalmente dormían con la misma indumentaria con que vivían el resto del día) y se lavan la cara y las manos con agua que izan del mar en cubos. Han dormido en diversos rincones de cubierta, algunos cubiertos con esteras o mantas, otros al abrigo del cordaje. Los más privilegiados han extendido una hamaca, invento americano que pronto se extenderá. Oficiales y viajeros distinguidos han pasado la noche en su propio camarote bajo cubierta y sobre tarimas o

Naves de la Edad Media, según unas miniaturas de *Las Cantigas*.

esteras. El capitán ha dormido en su recámara, cubierto con colcha de lana.

Pero si la noche hubiera sido de tempestad o de peligros, habrían estado sin dormir: el capitán, en pie, controlando todas las operaciones, cual director de orquesta con la misión clave de mantener el rumbo para llegar al puerto previsto.

Posiblemente tomaran un desayuno frugal: bizcocho, una galleta, algunos ajos, queso, tal vez una sardina salada.

Una de las primeras tareas diarias era la de achicar el agua que el barco «ha hecho» (es decir, que le ha entrado) en esa noche, mediante las bombas de achique, tarea de la que se encargan carpinteros y calafates.

El equipaje de la gente de la mar es muy exiguo: guardan sus objetos personales en un baúl o arca, que a veces comparten con otros. Escasa es también su indumentaria. Y pintoresca. No existe uniforme ni preocupación alguna por ir vestidos todos igual. Suelen llevar camiseta de lana, blusa, tal vez capa corta, calzas, un capuz o cogulla y un bonete rojo de lana con vueltas

El día a bordo

La evolución de los buques a lo largo de la Edad Media permitió afrontar con garantías de éxito las travesías trasatlánticas. Las carracas medievales jamás habrían podido llegar a las costas americanas, tanto por la forma de su casco como por la de sus velas.

El día a bordo

La vida a bordo era incómoda. El capitán se alojaba en la popa, en una cámara alta (si la había). Los oficiales dormían sobre unas simples esteras o unas colchonetas en zonas reservadas para ellos, pero no especialmente confortables, y los marineros se acurrucaban en cualquier rincón. La hamaca, invento de los indios antillanos, no se utilizó hasta entrado el siglo XV.

azules parecido a la barretina catalana, tal vez el único distintivo claro de marinero. Suelen ir cubiertos de lana de pies a cabeza. Y como rara vez se desnudan o se bañan todo el cuerpo, cabe imaginar cual sería el tufo habitual a bordo.

Claro que la higiene de los marineros no era inferior a la higiene normal de la época. Pese al hacinamiento, la ventilación en cubierta estaba garantizada, y en época de calmas solían bañarse en el mar. Si había temporal las cosas cambiaban, sobre todo por la dificultad de secar la ropa, ya que a bordo el fuego es una amenaza; sólo se enciende para poder cocinar en el fogón. Si la tempestad se prolongaba (y podía durar varios días), imaginemos las consecuencias de llevar la ropa de lana empapada. Bajo cubierta, y como el barco llevaba pocas portas, el aire se renovaba por escotillas, que se cierran en el mal tiempo, con el hedor consiguiente. Si había animales a bordo, convivían con los tripulantes en cubierta y bajo ésta.

Para satisfacer las necesidades naturales el procedimiento era muy sencillo y poco discreto. Se defecaba o se orinaba sobre la mar. Para ello los tripulantes se sujetaban de las cuerdas o del propio navío, o bien el barco disponía de una tabla que pendía sobre las olas, a modo de retrete portátil replegable, al que solían denominar «los jardines».

Aunque el agua abunda en el mar, la potable escasea, y en ocasiones constituye un lujo.

La alimentación a bordo, con sus excesos de salazón, no hacía más que provocar sed.

Por la tarde, la rutina marinera continuaba. El piloto o el capitán daban órdenes, que llegaban a los marineros a través del contramaestre: el sonido del silbato o de sus gritos eran conocidos y esperados. Podía oírse: «¡Dejad las chafaldetas! ¡Alzad aquel briol! ¡Empalomadle la boneta!

¡Levad el papahígo! ¡Izad el trinquete! ¡Desencapillad la mesana!». Boneta, papahígo, mesana son, naturalmente, velas.

La tradición marinera unía a cada operación trabajosa, como recoger el cable del ancla o izar una vela, una canción o cantilena de trabajo que primero entonaba un solista y luego repetían los demás a coro. Una de estas letanías, en un italiano chapurreado de marineros, decía así:

> Bu izá
> o Dio ayuta noi
> o que somo - ben servir
> o la fede - mantenir
> o la fede - de cristiano
> o malmeta - lo pagano
> sconfondi - i sarrabin

Las tripulaciones de los barcos no llevaban ningún atuendo especial, nada que recordase a un uniforme. Cada cual vestía a su manera. Lo más habitual era el gorro de lana, el papahígo o gorra con visera por delante, las calzas, la ropeta o camiseta de lana y el gabán, especie de capa corta de paño gris.

La comida a bordo

La comida a bordo

Suponemos que la única comida verdadera —y caliente— era la de mediodía. No existían cocineros profesionales; algunos marineros viejos, ayudados por pajes o grumetes, elaboraban como podían, si los vaivenes del buque lo permitían, guisos con cuanto hubiera disponible en los enormes calderos, colocados sobre unos trébedes o hierros en el fogón, que descansa sobre una base de tierra con carbón y brasas.

Podían utilizar vino, aceite de oliva, ajos, tocino, bacalao o sardinas en salazón, tasajo o carne salada, y bizcocho duro o galleta de harina de trigo almacenado en la parte más seca del barco. Conforme los españoles se fueron acostumbrando a las Indias, añadieron a su dieta el cazabe o yuca, que ya en su segundo viaje llama Colón «pan de la tierra, que le querían más que al trigo». De postre podían tomar miel que, en general sustituía al azúcar. Para Colón «el mejor

Los alimentos más comunes eran agua, aceite, vino, vinagre, pan, legumbres (lentejas y garbanzos), tocino, pescado salado y en escabeche, almendras, miel, ajos, queso, etc. Sólo disponían de frutas y verduras durante los primeros días de la travesía, lo que suponía un grave problema para la salud en los viajes prolongados.

mantenimiento del mundo, y el más sano» aunque, antes de que se introdujese su cultivo en el Caribe, resultaba muy cara.

Cada cual recibía su ración en una escudilla de barro o en un plato de madera. La hora del rancho era un momento bullicioso, salpicado de bromas y chanzas de buen y de mal gusto. Se formaban corrillos de amigos o paisanos y se tragaba la pitanza, remojándola normalmente con vino, que se conservaba mucho mejor que el agua. Bartolomé de Las Casas, al referirse a la comida que se daba a los indios, apostilla:

«Negra comida sería la que ellos le darían, pues lo es siempre la que suelen dar, aun a los pasajeros de su misma nación.»

Y tenía amplia experiencia de haber cruzado varias veces el océano. Claro que los oficiales o pasajeros de postín comían aparte y tenían su propia despensa para combatir la monotonía del rancho marinero.

La comida a bordo

Al parecer sólo se realizaba una comida caliente al día, a media mañana, preparada por el cocinero si lo había o, lo que era más frecuente, por los grumetes. Es posible que los oficiales y los pasajeros de categoría comiesen sentados a una mesa y que los marineros y el pasaje común se acomodasen en cualquier parte. Comer con la mar revuelta debía resultar particularmente incómodo.

Las escasas distracciones

La lectura era uno de los escasos procedimientos de que disponían los pasajeros para combatir el aburrimiento a bordo. Es probable que los marineros no tuviesen casi tiempo libre, ocupados en mil pequeñas tareas cotidianas.

Cómo combatir el aburrimiento en el mar

Por la tarde el marinero se siente más relajado, pues, entre otras cosas, ha logrado sobrevivir un día más. Se puede pescar, charlar, añorar a los seres queridos mientras se pone el sol. Se puede cantar una canción, tañer un instrumento o quitarse tranquila y mutuamente los piojos. Las espectaculares puestas de sol animan al ensueño. Se forman corrillos de marineros y de hombres de tierra. Hay quien ha traído un pajarito o un grillo que le entretiene con su canto. Hay quien saca la flauta, la dulzaina o la chirimía, o los cascabeles con que distraer o alegrar al auditorio, como en las ventas de Castilla.

Con un poco de suerte actuaban improvisados volatineros, títeres o retablos de marionetas. Naturalmente, en algún grupo se jugaba a escondidas —los juegos de azar estaban prohibidos a bordo— a los naipes o a los dados. Siempre había quien narraba fabulosas aventuras imaginadas, leídas o recordadas de algún libro de caballería.

Porque la verdad es que, a bordo, el aburrimiento era terrible, sobre todo para la gente de tierra, que no estaba acostumbrada a este tipo de reclusión.

Además de la lista de actividades indicadas, podían organizarse competiciones de pesca, o carreras con los animales que hubiera a bordo, de cerdos a conejos. Había también peleas de gallos adobadas de buenas apuestas a cuenta de los tesoros que se esperaba conseguir. Podía bailarse por la noche a la luz de los fanales, o cantar al son de guitarras, vihuelas o laúdes. Se celebraban fiestas religiosas, y los aniversarios de los reyes e infantes. Los barcos podían revestirse de gallardetes y banderolas, y organizar desfiles náuticos, acompañados de estruendo de cañones o falconetes.

Las guardias

Cada guardia era responsable del barco durante el período en que lo vigilaba, salvo en casos de tempestad o de peligro, en que se despertaba a todo el mundo y todo el mundo trabajaba.

Allá a las siete, al iniciarse la segunda guardia o primera de la noche, el contramaestre apagaba el fogón. El grumete de turno daba vuelta al reloj de arena y entonaba:

> «Bendita la hora en que Dios nació
> San Juan que le bautizó
> la guardia es tomada - la ampolleta muele
> buen viaje haremos - si Dios quisiere.»

La vocecita del reloj parlante sonaba cada media hora con la tonadilla ritual:

> «Una va pasada - y en dos muele
> más molerá - si Dios querrá
> a mi Dios pidamos - que buen viaje hagamos
> y a la que es madre de Dios - y abogada nuestra
> que nos libre de agua - de bomba y tormenta.»

Cada hora, el timonel y el vigía se cambian, pero el capitán de la guardia la pasa toda en cubierta, paseando de arriba abajo y comprobando que el timonel mantiene el rumbo.

Antes de que empiecen los turnos de guardia de noche, se convocaba a todos los tripulantes a la oración que preside el capitán, o el fraile o religioso que estuviera a bordo. Un paje arregla la lámpara de la aguja de marear, y al llevarla por cubierta hasta la proa, canta:

> «Amén, Dios nos dé buenas noches,
> buen viaje, buen pasaje haga la nao
> Señor Capitán y maestre y buena compaña.»

Iniciaban ahora los grumetes, ante toda la concurrencia, las prácticas piadosas que llamaban «la doctrina cristiana», es decir, el rezo del Padrenuestro, del Avemaría, del Credo, y el canto

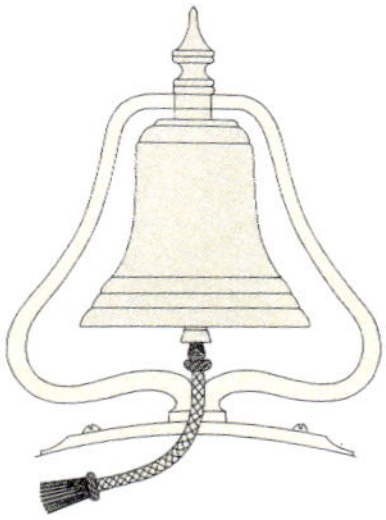

La vida a bordo estaba bajo el control de reloj de arena o ampolleta, que duraba media hora, y de las guardias, cada una de las cuales duraba ocho ampolletas (cuatro horas). En cada guardia, que controlaba un oficial, había un grumete encargado de darle la vuelta a la ampolleta. Arriba, campana que se utilizaba para dar las horas.

Las guardias

de la Salve marinera. Después el capitán se dirigía a todos los tripulantes y les animaba, les exhortaba, les reñía o les prometía días de gloria. Así, en la primera expedición de Colón:

«...después de anochecido al tiempo que dijeron la Salve, como es la costumbre de marineros (...) les rogaba encarecidamente que aquella noche hiciesen muy buena guardia en el castillo de proa, velando y estando muy sobre aviso.»

Tras las oraciones y la asamblea vespertina, cada cual se iba a su rincón. La guardia de noche comenzaba. Intentando conciliar el sueño, acurrucado cada cual donde buenamente podía, observando las estrellas en lo alto, todos soñaban con la forma de salir de la miseria, con la forma de triunfar. Y rezaban.

Cuenta Pigafetta que, en la expedición de Magallanes...

«...toda la dotación se partía las tres guardias; la primera, regida por el capitán o contramaestre; la se-

La monótona jornada comenzaba cuando el grumete saludaba la llegada del alba con una cantinela religiosa, seguida por un Padrenuestro y un Ave María. Se volvían a rezar oraciones a la puesta del sol, cuando toda la tripulación cantaba el Salve Regina. Tras las oraciones de la mañana y el frugal desayuno a base de pan, ajos y queso, comenzaban las tareas de limpieza y reparación.

gunda por el piloto o timonel; la tercera, por el suboficial.»

La primera se iniciaba al anochecer; la segunda, llamada «la modorra», a medianoche y la tercera duraba hasta el amanecer; la noche se dividía en cuatro cuartos, denominados prima, modorra, modorrilla y alba.

Esta rutina diaria que hemos descrito se prolongaba durante toda la travesía. Y lo que para los hombres de tierra era una experiencia molesta pero que acabaría al llegar a puerto, para los marineros constituía el tejido de su propia vida. Su profesión les obligaba a ser viajeros perpetuos, combinando largas ausencias, años enteros de viajes con etapas de vida en tierra. Más o menos como ocurre hoy día, los marinos eran seres especiales que viven y mueren sobre las olas, y cuyo epitafio suele ser esta frase lapidaria:

«Su sepultura fue en un serón en que lo echaron a la mar.»

Las guardias

Acabadas las labores del día, los marineros tenían tiempo de dedicarse a su aseo personal y a lavarse y coserse las ropas. Sólo en contadas ocasiones, los marineros se lanzaban al mar para bañarse. Por lo general no eran buenos nadadores.

4

Donde hay hambre no hay contento

La ruta habitual de las Indias era un camino seguro, e incluso cuando los temporales desviaban las naves nunca faltaban alimentos. Los barcos iban tan repletos que en ciertas instrucciones se recordaba que:

«lo primero es que aveys mucho de mirar que los navíos que llevardes no vayan sobre cargados como suelen yr...»

Los colonos esperaban los productos de clima templado que, a pesar de los intentos iniciales, no prosperaron en los trópicos, desde el trigo a la vid o el aceite de oliva... y los animales. La necesidad de trigo y vino estaba también ligada a la religión, pues no podía celebrarse la liturgia de la misa sin una hostia de harina de trigo y sin vino extraído de la vid.

Pero en los viajes de exploración a nuestras tierras, o a consecuencia de tormentas o acci-

Disponer de comida suficiente no sólo para la travesía en condiciones normales, sino también para poder hacer frente a cualquier percance, preocupaba a los encargados del avituallamiento, que solían embarcar alimentos de sobra.

dentes, el hambre y la sed podían convertirse en auténticos problemas. Pero, sobre todo, la sed. Los toneles y barricas de agua cargados en Canarias se agotaban, y el deseo de encontrar tierra firme incluía también el deseo de encontrar agua potable. Por ello son frecuentes los relatos como este de Alvar Núñez:

«Y el agua se nos acabó porque las botas que hecimos de las piernas de los caballos luego fueron podridas y sin ningún provecho (...) Al cabo ya de estos treinta días, que la necesidad del agua era en extremo (...) vimos una isla pequeña y fuimos a ella por ver si hallaríamos agua; mas nuestro trabajo fue en balde porque no la había (...) Como había cinco días que no bebíamos, la sed fue tanta que nos puso en necesidad de beber agua salada, y algunos se desatentaron tanto en ello que súbitamente se nos murieron cinco hombres.»

Ante esa miseria extrema nos preguntamos: ¿no podían haber cubierto la necesidad de agua masticando pescado crudo, a la manera japonesa, para así, y de una vez, comer e ingerir agua? Por otra parte, pequeñas cantidades de agua salada pueden cubrir las necesidades del cuerpo humano sin causar problemas.

La pesca, recurso que hoy puede parecer inextinguible, no bastaba para alimentar a todos los pasajeros cuando se agotaban las provisiones de bizcocho rancio o de tasajo podrido.

Para luchar contra el hambre, los exploradores españoles hacían de todo. Veamos el siguiente episodio ilustrativo:

«Y porque los mantenimientos se les habían acabado y en aquella tierra no los había, envió el navío con los marineros y un capitán a la isla de las Perlas (...) el navío se detuvo en ir y volver cuarenta y siete días; y en este tiempo se sostuvieron el capitán y los que con él estaban con un marisco que cogían de la costa del mar con mucho trabajo (...) Cuando el navío

El hambre y la sed

En los viajes de exploración no era posible prever el tiempo que se tardaría en regresar a puerto. A veces, los víveres se agotaban y era preciso recurrir a lo que se encontrase, desde peces desconocidos hasta crustáceos exóticos o plantas de dudosa calidad alimenticia. Los enormes cangrejos de mar que abundaban en las costas de Cuba impresionaron a la tripulación de Colón en su primer viaje; tal vez los comieron.

El hambre y la sed

Los exploradores se encontraban con frecuencia ante situaciones muy difíciles, a las que habían de hacer frente con todas sus energías. Muchos son los testimonios de casos extremos, resueltos a veces mediante procedimientos muy duros. El explorador Álvar Núñez Cabeza de Vaca, descubridor del Paraguay, que recorrió el sureste de Estados Unidos y el norte de México, permaneció durante seis años prisionero de los indios. En su libro *Naufragios y comentarios* narra escenas espeluznantes vividas por los colonizadores.

volvió con el socorro del bastimento dijeron el capitán y los marineros que, como no habían llevado bastimentos, a la ida comieron un cuero de vaca curtido que llevaban para zurrones de la bomba y cocido lo repartieron.»

Sobre todo se buscaba carne fresca, a la que se atribuían propiedades casi milagrosas. Colón explica a los monarcas:

«Desembarcados los mantenimientos que iban en la armada que repartieron por todos (y las harinas y lo demás iba ya corrompido de la mar) comienza a caer la gente mala en tanta manera que unos no podían curar a otros y ansí en un mes murieron setecientos hombres, de hambre y de enfermedad de modorra (...) Y es cierto que si tuviesen algunas carnes frescas para convalesçer, muy presto serían todos en pie, con el ayuda de Dios.»

Y para carne fresca, toda vale.

Los únicos animales que se respetaban eran los caballos, por ser valiosos elementos de transporte, de carga y de guerra. Cuando había suerte y moría un caballo, el cronista solía escribir:

«y el caballo dió de cenar a muchos aquella noche».

Para auténticas miserias, las que sufrieron en la expedición de Magallanes que narra Pigafetta. Algunos fragmentos resultan impresionantes. Cruzado ya el estrecho que comunicaba el Atlántico con el Mar del Sur:

«...estuvimos tres meses sin probar clase alguna de viandas frescas. Comíamos galleta: ni galleta ya, sino su polvo, con los gusanos a puñados, porque lo mejor habíanselo comido ellos; olía endiabladamente a orines de rata. Y bebíamos agua amarillenta, putrefacta ya de muchos días, completando nuestra alimentación los *cellos* de cuero de buey, que en la *cofa* del palo mayor protegían del roce a las *jarcias;* pieles más que endurecidas por el sol, la lluvia y el viento. Poniéndolas a remojo del mar cuatro o cinco días y después un poco sobre las brasas se comían no mal; mejor que el serrín, que tampoco despreciábamos. Las ratas se vendían a medio ducado la pieza y más que hubieran aparecido».

Por eso resulta comprensible que en caso necesario se recurriese incluso al canibalismo. Hay pocos testimonios en las crónicas, pero bastan para imaginarlo. Alvar Núñez cuenta que...

«...cinco cristianos que estaban en un rancho en la costa llegaron a tal extremo que se comieron los unos a los otros, hasta que quedó uno solo que por ser solo no hubo quien lo comiese».

El hambre aguza el ingenio de hombres y animales. Veamos, por ejemplo, el episodio de unos españoles perdidos en las costas americanas, que se salvaron de morir de hambre gracias a una perra que encontraron en la tierra a donde

El hambre y la sed

Imagen alegórica que representa a Magallanes en su viaje alrededor del mundo realizado de 1519 a 1522.

El hambre y la sed

llegaron y que se le había escapado a un español. Al ver a los náufragos, tal vez echando de menos a su dueño,

«...los halagó con la cola saltando de uno a otro con las patas delanteras y luego se fue al monte que estaba cerca y al poco rato volvió cargada de liebres y conejos. Al otro día siguiente hizo lo mismo y así conocieron que había mucha caza por aquella tierra».

Cuando se naufraga hay que prepararse para unas vacaciones forzosas, que pueden ser muy largas. Narra Bernal Díaz del Castillo la llegada a una isla. Se habían quedado sin alimentos, pero unos indios de Cuba que iban en la expedición lograron hacer fuego frotando palos secos. Luego...

«...cavaron en un arenal y sacaron agua salobre y como la isleta era chica y de arenales, venían a ella a desovar muchas tortugas, e así como salían las trastornaban los indios de Cuba las conchas arriba; e suele poner cada una de ellas sobre cien huevos tamaño como de pato; e con aquellas tortugas e muchos huevos tuvieron bien con que se sustentar trece personas... Y también mataron lobos marinos que salían de noche al arenal de la isleta, que fueron harto buenos para comer».

Algunos animales hasta entonces desconocidos, como la iguana, aterrorizaban a Colón y a sus hombres, convencidos de que este lagarto de más de un metro de longitud era capaz de devorar a un hombre.

Y en la expedición de Pizarro al Perú, narra Cieza de León:

«Faltábales el mantenimiento, que no daban a cada persona más que dos mazorcas o espigas de maíz para que comiese en todo el día; y también tenían poca agua, porque no llevaban muchas vasijas y carne no comían porque ya no la tenían (...) estaban muy flacos y amarillos tanto que era gran lástima para ellos verse los unos a los otros (...) y el cuero hacían pedazos teniendo en agua todo un día y una noche lo cocían y comían con los palmitos (...) y entre la montaña hallaban unos bejucos en donde sacaban una fruta como bellota que tenían el olor como el ajo y con la hambre comían de ellas.» Cuando lleguen los refrescos, «tenían en más el poco mantenimiento que en él venía que a todo el oro del mundo y así (...) los que estaban enfermos como si estuvieran sanos se levantaron», porque, y es gran verdad, «al hambriento no se puede remediar si no es con hartarlo».

El hambre y la sed

Los supervivientes de un naufragio debían enfrentarse a toda una serie de penalidades: la sed, el hambre y la terrible incertidumbre.

El hambre y la sed

Es cierto que comer plantas o productos desconocidos puede resultar peligroso, porque, como cuenta Cieza de León,

«hallaron unas uvillas que parecen morunos (...) Los más metieron tanto la mano en comer que sin mucho se torcían furiosamente, caían en el suelo sin sentido, haciendo tales bascas y tremor que parecían estar difuntos».

Pero, en general, los españoles dan la impresión de ser bastante torpes, incapaces de sobrevivir con los recursos del medio, o de cambiar de mentalidad y abandonar las nociones europeas de lo que es comestible y lo que no lo es.

En cuanto al cálculo de las raciones necesarias, en la expedición de Vasco de Gama a la India (1498) se prepararon suministros para abastecer a una tripulación de 180 personas durante tres años, es decir (por hombre y por día): media libra de bizcocho, una libra de carne de vaca o media de carne de cerdo, dos pintas y cuarto de agua, pinta y media de vino (la pinta equivale a unos 47 cl.), la sexta parte de una pinta de vinagre y la cuarta parte de aceite. En días de ayuno recibían media libra de arroz o de bacalao, o

Esta imagen ingenua de unos navegantes que nos dan las miniaturas medievales se hizo mucho más dura en la época de los descubridores.

de queso, en vez de la carne. Más de un siglo después, en la expedición de Fernández de Quirós a las islas del Pacífico, la ración diaria por tripulante era de libra y media de bizcocho, una libra de carne, dos onzas de tocino, una de garbanzos y media azumbre de agua.

«Los días de pescado (los de ayuno) se les dará un tollo (especie de tiburones o marrajos) y si fuere grande, la parte, seis onzas de garbanzos, una medida de aceite, otra de vinagre, y su pan y agua como en día de carne, y cuando no hubiere tollo se darán cuatro onzas de queso.»

En ocasiones, la pesca constituía un complemento para la dieta de los navegantes.

5

El inexorable riesgo de la enfermedad

En el capítulo anterior vimos cómo el hambre y la sed solían ir ligadas con la enfermedad. Pero en palabras de Pigafetta, cronista de la expedición de Elcano —la primera vuelta al mundo— vamos a conocer el riesgo más terrible de aquella travesía, una enfermedad cruel que atacaba indiscriminadamente con estos síntomas:

«Les crecían a algunos las encías sobre los dientes —así los superiores como los inferiores de la boca— hasta que de ningún modo les era posible comer: que morían de esta enfermedad. Diecinueve hombres murieron, más el gigante y otro indio de la tierra de Verzin. Otros veinticinco o treinta hombres enfermaron, quién en los brazos, quién en las piernas o en otra parte; así que sanos quedaban pocos.»

Se está refiriendo al escorbuto, la enfermedad de los navegantes, sobre la que no se sabía casi nada. No se habían descubierto aún las vitaminas ni se conocía su papel fundamental para la salud. Dada la carencia a bordo de verduras frescas, de frutas o de jugos, los tripulantes no incorporaban vitaminas a su dieta. Era curioso que, en muchos casos, la enfermedad no atacara a capitanes y oficiales, pues éstos disponían de provisiones particulares, lujos o golosinas (higos, uvas, pasas, ciruelas, botes de mermelada o confitura) que contenían cierta dosis de las tan necesarias vitaminas.

El escorbuto causaba sufrimientos terribles, agravados normalmente por la depresión que surge al conocer que no existe ningún remedio, que la muerte es inevitable. Las encías se hinchaban de tal forma que los dientes quedaban ocultos en una masa de tumores que producía un hedor insoportable. Para aliviar el sufrimiento había que rajar el tumor y vaciar el líquido ne-

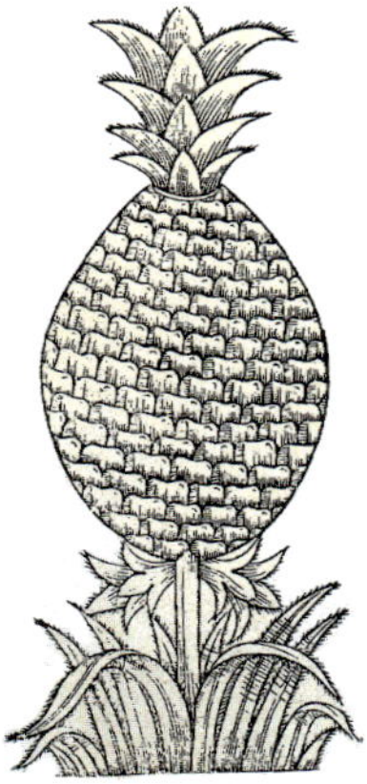

Los conocimientos médicos del siglo XVI no permitían defenderse de las enfermedades con eficacia. Había enfermedades, como el escorbuto, que atacaban a los navegantes por causa de la dieta, que carecía de productos frescos. Basta la ingestión de cualquier alimento que contenga vitamina C para hacer que los enfermos mejoren y curen. Arriba, fruta tropical americana.

gro y fétido de su interior. Se enjuagaba la boca del enfermo con vino o con vinagre, pero la enfermedad avanzaba y caían los dientes. Pasaba entonces la infección de la boca a los miembros. Los tendones agarrotaban las piernas, que se ponían negras, al igual que las nalgas, como si estuviesen gangrenados; la única solución era hacer incisiones en los miembros hinchados, para extraer la sangre putrefacta. Al llegar a esta eta-

Esta imagen del 1500 representa la curación milagrosa de un enfermo por un obispo.

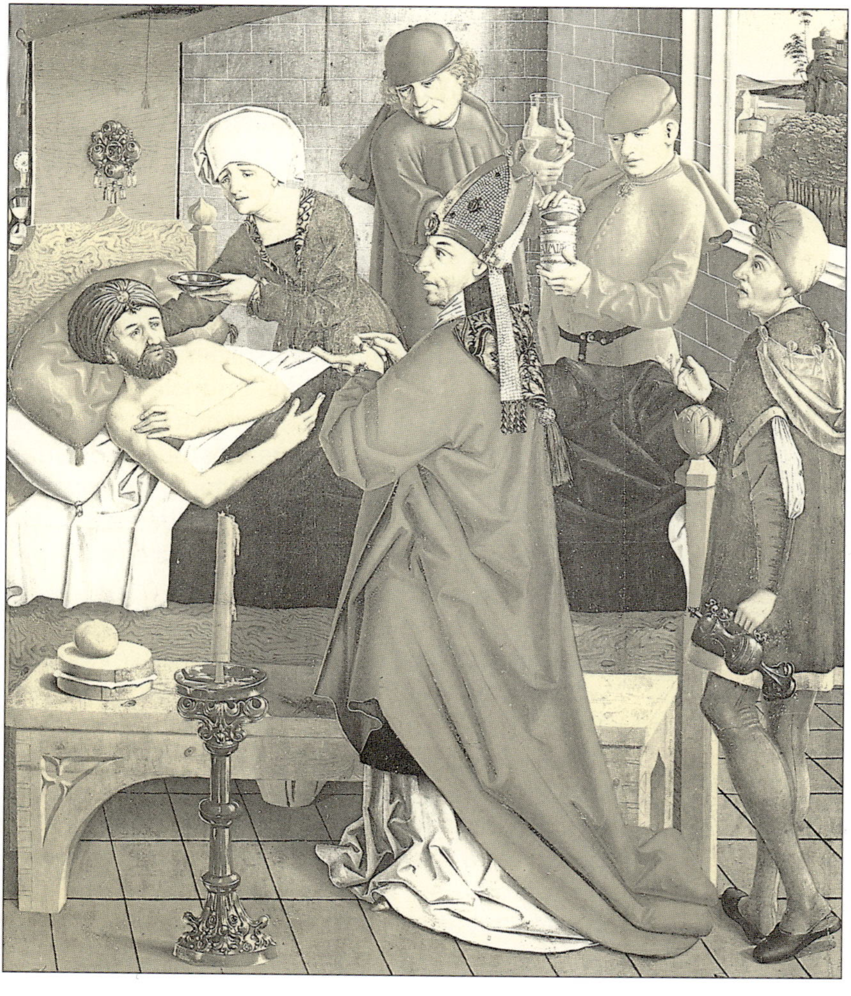

Las enfermedades

pa los enfermos sufrían dolores terribles y, aun si pasaban un hambre espantosa, les era imposible tragar nada, con lo que se hacía más dramática su situación. La debilidad crecía gradualmente, y al fin llegaba la muerte al estallarles las venas o entrar en una crisis mortal de fiebre aguda y delirios.

Hubo que esperar al siglo XVIII para que se descubriese, y de forma accidental, el remedio definitivo contra el escorbuto: la ingestión de frutas o verduras frescas, ricas en vitamina C.

En la lista de enfermedades habituales del marinero existían otras que podríamos denominar profesionales, propias de quien pasaba muchos días a la intemperie, vestía ropas mojadas, comía de forma irregular y a base de salazones, y vivía hacinado, con lo que toda enfermedad contagiosa era compartida, así como las enfermedades transmitidas por los animales que iban a bordo. Nos referimos también a las enfermedades artríticas y reumáticas y a los desórdenes originados por ingerir sólidos o líquidos en males condiciones de salubridad: el tifus, por ejemplo, atacaba al azar, y lo propagaban gusanos que prosperaban en cuerpos de escasa higiene y en ropas y sábanas sucias. Citemos además todas las enfermedades de transmisión sexual contraídas a bordo o en las escalas.

Entre ellas, la sífilis, que, probablemente originada en América, viene a ser el «regalo» que el nativo contagia al hombre blanco, a cambio de otros regalos similares recibidos de él, como la viruela, el sarampión y otras enfermedades víricas ante las que los indios no tenían defensas. La sífilis procede del contacto sexual inicial, y llega a Europa —según una teoría— con el regreso de Colón en 1493. Era molesta, dolorosa y de aspecto repugnante debido a los chancros, pústulas y úlceras en el rostro y miembros. Las

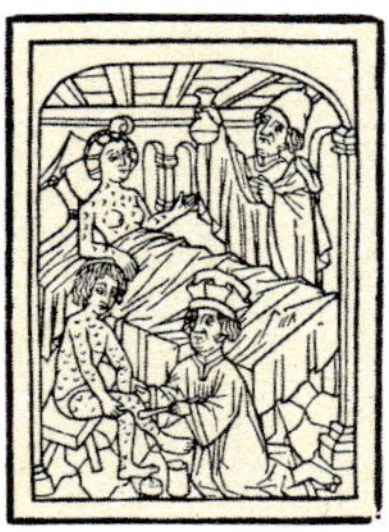

La sífilis, enfermedad de transmisión sexual de probable origen americano, fue considerada como un castigo divino contra los que no sabían mantener la castidad. Arriba, escena de asistencia a los sifilíticos en el siglo XVI.

curaciones eran difíciles; dejaba al paciente mutilado, y, en sus estadios finales, podía llevar a la locura o a la muerte. Pese a su virulencia a principios del XVI —llegó a compararse a la peste negra y se la tachó de castigo divino contra los libidinosos— luego perdió el vigor inicial, quedando como una de tantas enfermedades habituales.

En caso de enfermedad, el boticario o el barbero de a bordo intentaba lo que buenamente podía, y aplicaba los remedios o ungüentos con los que contaba. Si los enfermos llegaban a las ciudades de Indias, allí apenas si había hospitales, o médicos, y la eficacia de muchos medicamentos era dudosa.

Veamos cómo actuaban los médicos de la época en palabras del cronista y conquistador español Bernal Díaz del Castillo:

«Con el aire que le dió al Garay, que estaba de antes mal dispuesto, le dió dolor de costado con grandes

Las enfermedades

El contacto entre dos mundos trajo consigo el intercambio de microbios y virus productores de diversas enfermedades. El precio más alto lo pagaron los americanos, que recibieron nuevas (para ellos) y terribles dolencias contra las que carecían de defensas, como la viruela.

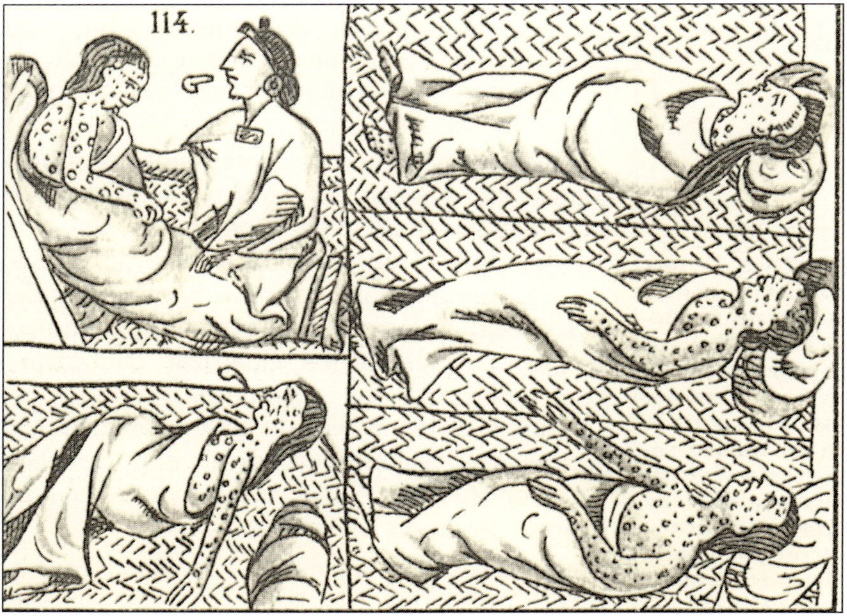

Las enfermedades

calenturas; mandáronle los médicos sangrar y purgáronle, y desque vieron que arreciaba el mal le dijeron que se confesase y que hiciese testamento.»

Y he aquí dos ejemplos del hallazgo de productos sustitutivos:

«Hallaron en aquella isla una fruta tan poderosa para purgar que no es menester otro ruibarbo.»

Habiendo muerto una perra, uno, que tenía cierta indigestión...

«queriéndose purgar, lo hizo con un riñón de esta galga, teniéndolo en más que si se tratara de una gorda gallina...».

El medio geográfico adverso implica la presencia nuevos y molestos animales. Dice el cronista de Indias Cieza de León que...

«...como aquella costa es tan enferma y los trabajos fuesen grandes, cada día se les iban muriendo españoles y otros se hinchaban como odres. Tenían con los mosquitos su continuo tormento y a algunos se le llagaban las piernas (...) Los enfermos vivían muriendo, los que estaban sanos aborrecían la vida, deseaban la muerte por no verse como se veían... Los mosquitos eran tantos que por huir de su importunidad se metían entre la arena los hombres, enterrándose hasta los ojos».

Citemos por último las enfermedades profesionales de quienes emprenden aventuras por tierra, las que causa el enemigo con flechas, lanzas y piedras. Gran parte del trabajo del cirujano —que en algunas ocasiones habría aprendido su oficio en las campañas militares de Europa— era extraer objetos, cicatrizar, cauterizar, coser o cortar tejidos y miembros.

Veamos el desarrollo de una operación sin anestesia, sin higiene y casi sin medios. Se refiere el cronista Alvar Núñez Cabeza de Vaca a un hombre herido en la espalda:

«Yo le toqué y sentí la punta de la flecha y ví que la tenía atravesada por la ternilla, y con un cuchillo que

El tabaco es una de las muchas plantas de uso medicinal que se encontraron en las nuevas tierras. Esta es la portada de un tratado sobre sustancias medicamentosas de origen americano escrito por Nicolás Monardes y publicado en 1574.

tenía le abrí el pecho hasta aquel lugar, y ví que tenía la punta atravesada y estaba muy mala de sacar; torné a cortar más y metí la punta del cuchillo y con gran trabajo en fín la saqué. Era muy larga y con un hueso de venado le dí dos puntos; y se me desangraba, y con raspa de un cuero le estanqué la sangre.»

Las prácticas de los hechiceros o chamanes indígenas competían con las españolas ante enfermedades que no tenían cura y que permitían toda ilusión.

Las prácticas de los hechiceros indígenas competían con las de los médicos españoles a la hora de aplicar remedios a las enfermedades, muchas veces desconocidas e incurables, de los colonizadores.

Las enfermedades

Hay enfermedades extrañas, o desconocidas, que se atribuyen a la zona ecuatorial, como...

«amanecer hinchados los miembros encogidos veinte días y más y volvían a sanar; sin esto les nacían a los más de ellos unas verrugas por encima de los ojos tan malas y feas como saben los que quedaron de aquel tiempo. Como no supiesen cura para enfermedad tan contagiosa, algunos las cortaban y se desangraban en tanta manera que escaparon pocos de morir de los que hicieron.»

Si el marinero o el grumete enfermo escapaba de la muerte pero quedaba tullido, ciego, man-

De los enfermos, sólo los afortunados encontraban al término de su viaje un hospital donde se les proporcionasen ciertos cuidados médicos en vida y, en caso de muerte, una mortaja.

co, artrítico, ¿qué futuro le esperaba? Pues uno bastante oscuro, dado que los marineros no disponían de seguridad social, ni de apoyo oficial de ningún tipo. Lo único que podían esperar es que el capitán pagase los sueldos adeudados, o la parte del botín, y sobrevivir con eso, o bien obtener un permiso para mendigar en España, o acogerse a la caridad de la Iglesia. Queda, claro está, el recuerdo de la aventura, el tesoro de vivencias... y el consuelo de la religión. Toda la vida es un riesgo y tampoco quedándose en el pueblo podía uno estar a salvo de levas, de guerras, de enfermedades, de desgracias...

Las enfermedades

A bordo todo es rudimentario, desde el instrumental hasta, con frecuencia, los conocimientos del médico. Sacar una muela, amputar un miembro, sajar un absceso o quitar piojos son algunas de las escasas operaciones que eran capaces de hacer los barberos-cirujanos del barco.

6

Navegar: entre la ciencia y la intuición

En realidad, si se está seguro de hallarse en la buena ruta, basta con dejarse llevar por el viento hasta topar con una de las Antillas, grandes o pequeñas. Lo importante en toda navegación

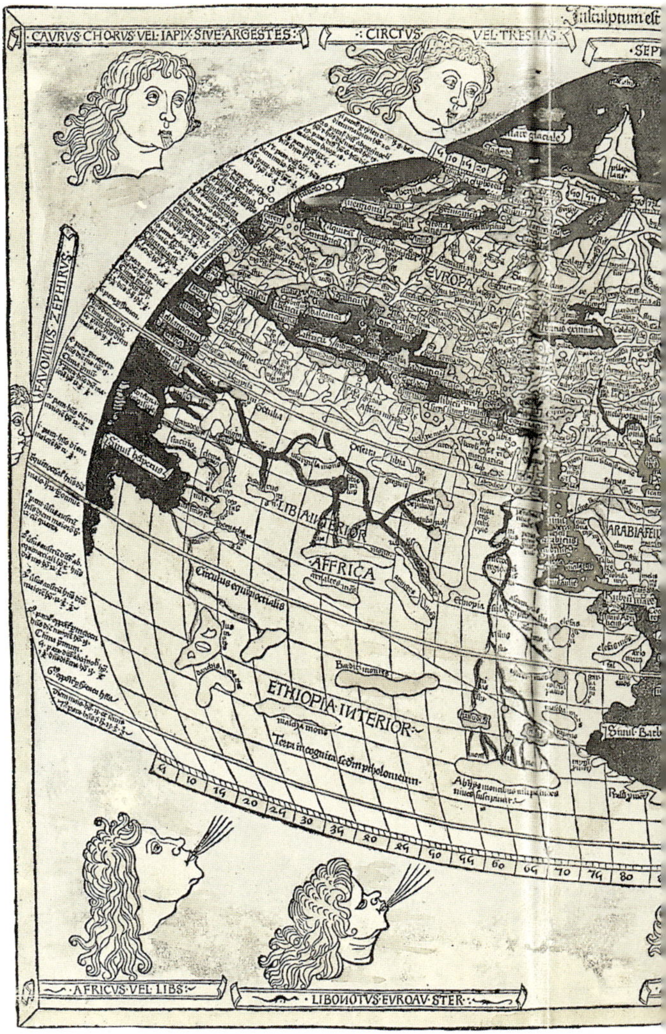

Mapa del mundo tal y como se conocía a finales del siglo XV, de acuerdo con las ideas heredadas de la Antigüedad clásica, basadas en los estudios del geógrafo griego Tolomeo. El conocimiento de la Tierra no evolucionó gran cosa a lo largo de la Edad Media, a pesar del perfeccionamiento de los instrumentos de navegación, como el astrolabio.

es saber a dónde se quiere llegar y disponer de los medios para conseguirlo. Claro que si se trata de explorar costas desconocidas la cosa cambia, pues mientras unos barcos siguen caminos trillados otros exploran regiones desconocidas.

Un buen descubridor debe transmitir a los demás sus hallazgos, y debe fijar las posiciones ab-

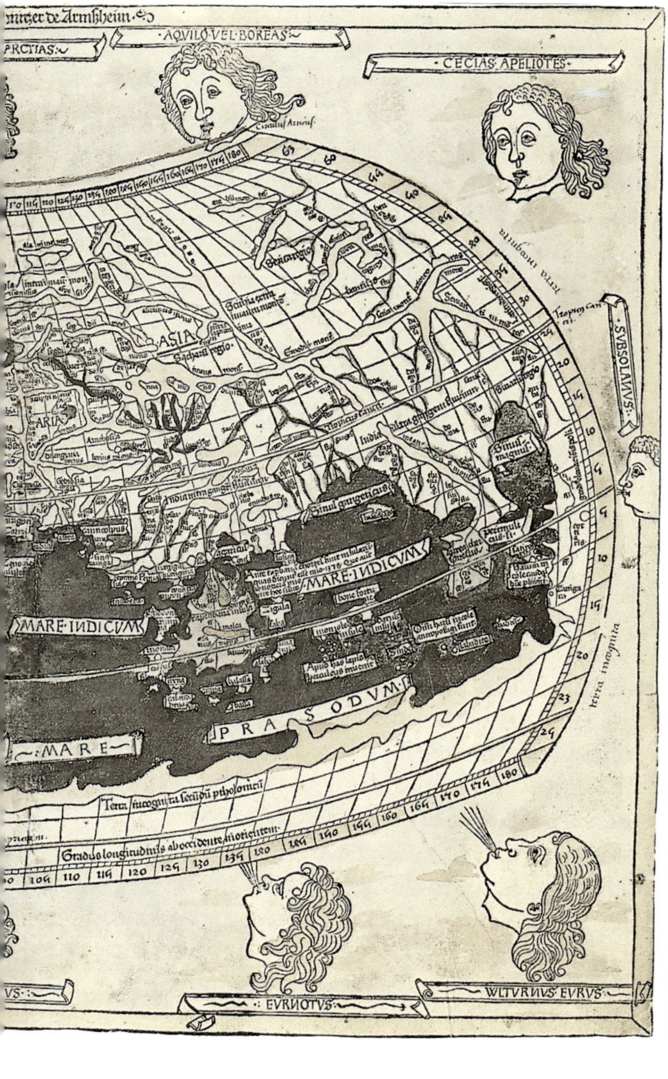

El descubrimiento del Nuevo Mundo transformó por completo la concepción de la Tierra heredada de los griegos. Tan sólo medio siglo después del primer viaje de Colón los mapas recogían el continente americano con relativa exactitud. Los viajeros ya no debían temer que no se encontrase la ruta hacia su destino.

El arte de navegar

La ballestilla era uno de los instrumentos que utilizaban los navegantes para orientarse. Gracias a ella era posible medir la altura del sol o de cualquier astro.

solutas, no las posiciones relativas a la última costa o puerto de recalada. Para ello hay que observar el rumbo, y calcular bien la velocidad. En esta época de navegación astronómica se podían calcular las coordenadas —es decir, la longitud y la latitud— en alta mar, mediante la observación del sol o de las estrellas.

La latitud se podía calcular con cierta facilidad y utilizando sencillos instrumentos de cálculo, pero no así la longitud, que es la referencia al meridiano en el que se encuentra la nave. A diferencia de las expediciones de los portugueses por África, en las que sin grandes variaciones de longitud se descendían 75 grados de latitud (desde Sevilla a la extremidad meridional de África), los españoles, al cruzar el océano, eran fieles a la misma latitud: avanzan grados de longitud, que eran difíciles de calcular.

En general, la longitud se suponía calculando la posición según la distancia recorrida, siguiendo un rumbo dado; para ello se calculaba la velocidad según la experiencia y respecto a la estela que deja el navío sobre la superficie del mar, o calculándolo respecto a hierbas u otros objetos flotantes. En cada turno de guardia se anotaba la velocidad calculada en una pizarrita, dato que luego se pasaba al cuaderno de bitácora (libro en el que se anotaban todos los acontecimientos de la travesía, y que se guardaba en la bitácora, armario próximo al timón).

Con buenos vientos, esos cálculos podían resultar aproximados, pero si había vientos contrarios todo era un puro azar.

Los marineros se guíaban por su instinto. Normalmente iban en dirección norte o en dirección sur hasta alcanzar la latitud deseada. Entonces se dirigían, sin más preocupación, hacia el este o el oeste hasta tocar la primera tierra. Era una navegación en ángulos rectos.

Nos sorprende por ello con qué seguridad Cristóbal Colón hizo los cálculos del viaje de 1492. Ya el primer día de navegación, el 3 de agosto, anotaba:

«Anduvimos con fuerte virazón hasta el poner el sol hacia el Sur sesenta millas que son 15 leguas.»

Y el 5 de agosto:

«...anduvieron su vía entre día y noche más de cuarenta leguas...»

y así lo irá calculando día a día. Sin embargo, y al igual que todos los navegantes de esa época, se fiará más que de sus cálculos de los indicios y señales de proximidad de tierra firme: garjaos, alcatraces, rabos de junco, aves que supone que no se alejan mucho de tierra, hierbas flotantes que denomina «señales ciertas de tierra», o «una ballena, que es señal que estaban cerca de tierra».

Las detalladas instrucciones de Pedro Fernández de Quirós en el famoso viaje que le llevaría a descubrir las Nuevas Hébridas (actual Vanua-

El arte de navegar

La derrota de un barco se fijaba mediante dos sistemas: la estima y la navegación de altura; esta última se realizaba utilizando astrolabio y ballestilla, y a finales del siglo XV apenas se conocía. Los instrumentos que utilizó Colón fueron la brújula, el compás, el cuadrante, la sondaleza, las cintas o mapas, la regla, la rosa de los vientos, la tabla de multiplicar y las *Efemérides* de Regiomontano.

tu), que él creyó el continente austral, incorporan todo el saber popular de los marineros y vienen a resultar un recetario práctico de las «señales de proximidad de tierra». El capitán debía:

«1. Anotar los vientos y mudanzas dellos, de los aguaceros, corrientes, pájaros, cardumes de peces y otras señales que son de tierra, y el paraje donde topare con ellas.»
«2. Al salir y poner el sol y más veces si le pareciese convenir, hacer subir a los topes a dos hombres para explorar la mar a todas partes del horizonte.»
«3. Si navegare con mar y viento y se hallare de golpe sin los dos, si fuere de noche, reparo y sonda y buena guardia, porque suele ser por interposición de cercana tierra.»
«4. Si estando el cielo claro el sol, luna y estrellas saliere, o se pusiesen más altas que el horizonte, por ser señal cierta de tierra, si fuese de noche reparo y sonda y de día demandarla.»

Otras señales ciertas de tierra que se indican en las instrucciones de Fernández de Quirós son:

— nublados espesos que no corran ni se deshagan, o una ceja fija,
— si a pesar del viento que llevare vinieren de alguna otra parte unos refregones secos, o con agua o con granizo,
— si hallase la mar engrasada o en ella hojas de árboles, pajas, yerbas, maderos, ramas, cocos, palmas y las otras cosas que el agua saca de playas y los ríos le traen con avenidas,
— si topare bandadas de muchos pájaros marinos (...) ha de mirar a la tarde para qué parte van volando y de dónde vienen de mañana; advirtiendo que si se recogen temprano y vuelven tarde que tienen lejos la tierra, y si se recogen tarde y vuelven temprano, que la tierra está más cerca,
— si los pájaros que encontrasen fuesen piqueros, patros, gaviotas, gallaretes, estopegados, tiñosas, gavilanes, alcatraces, flamencos, siloricos,

El nocturlabio era un instrumento que permitía a los navegantes saber la hora a partir de la observación de las estrellas.

— si hallaren en la mar manchas de agua parda, es señal de peñascos entre aguados; si fuese blanca, señal de poco fondo de arenas; si fuese negra, señal de lama, si colorada, señal de barro; si verde, señal que el fondo es de yerbas.

El procedimiento clásico para orientarse en alta mar, y la guía de los marineros desde la antigüedad, era la Estrella Polar, que indica el Norte. Como su altitud (es decir, el ángulo con que aparece en el horizonte) disminuye conforme se avanza hacia el Sur, señala la latitud. Al navegar en dirección este u oeste podía mantenerse también un curso recto y corregir errores de brújula manteniendo la altitud polar constante.

El ángulo de la estrella en el horizonte se calculaba al principio a ojo, y a fines del siglo XVI con la ayuda del cuadrante, un instrumento con forma de cuarto de círculo con una escala marcada en él de 0 a 90 grados y dos salientes en uno de los dos radios perpendiculares que lo delimitan. Sujetando el cuadrante con ambas ma-

Portada de la obra de Jerónimo Girava, publicada en 1550, que incluye un resumen de astronomía y otro de geografía. En la figura aparece un cosmógrafo que maneja una esfera celeste con un compás. Al pie de la esfera hay un reloj de sol portátil y, a la derecha, un reloj de arena y una esfera armilar (modelo de la esfera celeste).

El arte de navegar

nos, se apuntaba a la Estrella Polar de modo que ambos salientes estuvieran en línea (igual que se apunta con una escopeta), y un peso o plomada que colgaba del vértice indicaba la altura en el cuarto de círculo graduado. Como se trataba de que la plomada colgara y marcara un punto exacto, el vaivén del navío impedía cálculos correctos.

Los cálculos de Colón, al intentar hallar su situación en tierra firme americana, fueron tan equivocados que hay quien creyó que había falsificado los datos a propósito en su *Diario de a bordo* para impedir que otros llegaran a esas tierras. Pero la verdad es que nadie sabía hallar bien la latitud por medio de una estrella.

Mejor procedimiento era el de calcularlo por un eclipse. En el *Libro de las Efemérides* de Regiomontano o en el *Almanaque Perpetuo* de Zacuto se podían ver las horas de los eclipses totales calculados en Nuremberg o en Salamanca. Al compararlas luego con las horas observadas según el tiempo de sol local, multiplicándolo por quince para convertir el tiempo en arco, se podía calcular la longitud al oeste del meridiano res-

Este instrumento permitía calcular el ángulo de una estrella respecto al horizonte del observador con mayor sencillez que con el astrolabio.

pectivo de cada almanaque. Pero, aunque parezca un procedimiento sencillo, Colón se equivocó en dos ocasiones, como casi todos los que lo intentaron en ese siglo.

Más adelante se utilizará el astrolabio, disco de metal que podía suspenderse en posición perpendicular sobre el suelo para observar una estrella y relacionar su ángulo con el del horizonte, calculando su altitud mediante una alidada y leyéndola en el disco exterior. Un nuevo instrumento, el sextante, relegará al olvido el astrolabio.

Hacia 1530 existen ya relojes ligeros que pueden llevarse a bordo y permiten calcular la longitud con cierta facilidad. Si se lograba que el reloj no se parase, no adelantara ni atrasara, po-

El arte de navegar

El astrolabio, instrumento de origen árabe, permitía calcular la altitud de una estrella, que el observador leía, en grados, en un círculo graduado, y gracias a ello, calcular la hora y la latitud. Se convirtió rápidamente en una ayuda esencial para los navegantes.

día mantener la hora del puerto de donde se había salido. Y entonces todo lo que había que hacer era calcular la hora solar del punto donde se encontraba el barco y la diferencia con el puerto de salida daba la longitud. Sin embargo, sólo en el siglo XVIII se dispondrá de relojes fieles a los que no afecte el agua, el movimiento del buque o la temperatura.

A fines de septiembre de 1492, en su primer viaje, indica Las Casas:

«notó Cristóbal Colón una cosa, de que se admiró: que las Guardas, en anocheciendo, estaban junto el brazo izquierdo, que es el de la parte de Occidente, y cuando amanecía estaban en la línea debajo del brazo derecho, por manera que toda la noche no andan sino tres líneas, que son nueve horas, y esto cada noche. También de otra cosa los pilotos de los tres navíos recibieron mucho temor, sospechando algún peligro, hasta que él les dió la razón y es que las agujas noruestaban una cuarta entera en anocheciendo y en amaneciendo estaban fil con fil de la estrella. Díoles la causa desta diferencia Cristóbal Colón diciendo que aquello causaba el movimiento que aquella estrella que llamamos Norte hace con su círculo alrededor del verdadero Norte o Polo, por manera que aquella estrella se muda o tiene su movimiento violento de Oriente a Occidente como las otras, y las agujas siempre señalan el verdadero Norte o Polo, mostrando la verdad...»

Lo que Colón había descubierto era que la declinación o variación magnética cambia de un lugar a otro. Con todo, la brújula —que los marineros llaman aguja de marear— era el mejor instrumento de la época, debido a la dificultad de efectuar cálculos con el cuadrante. Tenía un hilo de acero que se imantaba con piedra magnética (o piedra imán), y se colocaba sobre una rosa de los vientos con treinta y dos rumbos.

Cuando los marineros crucen el Ecuador, se darán cuenta de que en el Hemisferio Sur no se

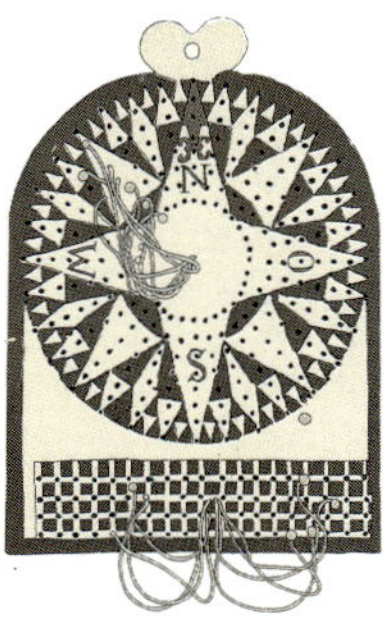

La rosa de piloto se utilizaba para registrar la dirección y distancia de las diversas bordadas (camino que recorre el barco entre dos viradas) que se efectuaban a lo largo de una guardia.

halla la Polar. («Perdieron el norte») y luego descubrirán otra estrella que permite calcular la posición del sur, la Cruz del Sur.

En el Hemisferio Norte, la Osa Menor o sus siete estrellas brillantes efectúa un giro alrededor de la Polar una vez cada veinticuatro horas. Las Guardas son las dos estrellas más brillantes de esa constelación, que marcan el borde de la Osa Menor más alejado de la Estrella del Norte. Sabiendo dónde se encuentra la Guarda Principal a medianoche, se puede saber la hora casi como si se mirara el reloj. Por eso, el marinero

La brújula, instrumento de origen chino que los árabes de Al-Andalus conocían ya en el siglo XIII, siguió siendo fundamental para la navegación a pesar de la aparición de nuevos sistemas de orientación.

El arte de navegar

curtido imaginaba el diagrama de un hombrecillo en cuyo vientre se situara la Estrella Polar, cuyos brazos señalaran el Este y el Oeste, y cuyos hombros marcaran el Noreste y el Noroeste. Al pasar la estrella de una de las posiciones indicadas a otra, en el curso de tres horas, se podía saber la hora si se conocía su posición en la medianoche de ese día. Para ello se utilizaba un instrumento llamado nocturlabio, que tenía un orificio en el centro con el que se apuntaba a la Estrella Polar, y un brazo movible, para apuntar a

Portulano del Océano Atlántico, del año 1613.

las Guardas. Se señalaba a la Guarda Principal, y luego se leía la hora en un disco externo graduado.

Si se trata de guiarse por un mapa, el navegante puede no llegar nunca, porque, acostumbrados a utilizar los mapas del Mediterráneo o «portulanos», atravesar el ancho Atlántico complicaba y engrandecía la empresa de cartografiar lo descubierto, pues conforme los paralelos se acercan al Ecuador su circunferencia total aumenta (sabemos que todos los paralelos miden 360 grados, aunque estén junto al polo). Un grado de latitud junto al Ecuador es muchísimo más extenso que uno cerca del Polo. Con el sistema de proyección plana del portulano, que sirve para áreas reducidas, las amplias superficies marinas quedan distorsionadas.

Hasta 1569 no inventaría el geógrafo Mercator el sistema de proyección que lleva su nombre y al que hoy estamos tan habituados, en el cual paralelos y meridianos forman un entramado o cuadrícula de líneas rectas perpendiculares, los paralelos cada vez más separados entre sí al subir al Norte, y los meridianos siempre a la misma distancia.

El sistema de plasmar en un mapa las tierras que los descubridores veían (a veces a través de tormentas o nieblas, desde el vaivén del barco y con cálculos de distancia poco fiables) daba como resultado una aproximación al trazado de una costa, a veces efectuada de memoria a partir de notas confusas, o rectificada por motivos estéticos en mapas oficiales. Hay tierras que aparecerán dos o tres veces en distintas situaciones, por haber sido descubierta por distintos, independientemente, sin saber que es la misma.

Existía una cierta ciencia náutica, que se fue perfeccionando conforme avanzaban los descubrimientos. Para ser piloto de navío se tenían que

Se llamaba portulanos a las cartas marinas en la Edad Media; reproducían los accidentes físicos de la línea costera, prescindiendo de los del interior. La cartografía realizada según el sistema Mercator, inventado en 1569, da una imagen más real de la superficie terrestre.

El arte de navegar

demostrar, ante los veteranos de la Casa de Contratación, conocimientos de geometría de la esfera, medición y uso de la posición del sol y del polo, uso de la carta, modo de marcar puntos para localizar la posición de la nave, uso de instrumentos de navegación como la aguja de marear (o brújula), el astrolabio o el cuadrante y nociones sobre su construcción, división del tiempo, fases de la luna, horas de las mareas y conocimientos prácticos para franquear las barras de los ríos.

La Casa de Contratación de Sevilla supervisaba, pues, esa ciencia náutica, y publicaba tratados y manuales al efecto. Así, en 1519 aparece la *Suma de Geographia e Arte de Marear,* de Fernández de Enciso; en 1545, el *Arte de Navegar,* de Pedro de Medina, traducido a varios idiomas, y en 1551 el *Breve Compendio de la Sphera y de la Arte de Navegar,* de Martín Cortés.

Cada piloto de los navíos que iban a Indias recibía un mapa de su ruta, que debía devolver a su regreso a la Casa de Contratación, donde quedaba guardado con todos los demás en un

Suma de geographia q̃
trata de todas las partidas e prouin-
cias del mundo: en especial de las indi-
as. e trata largamẽte del arte del mare
ar: juntamẽte con la esphera en romãce:
con el regimiẽto del sol e del norte: nue
uamente hecha.
Con preuilegio real.

La Casa de Contratación sometía a los pilotos a fuertes exámenes, que se preparaban por medio de obras como la *Suma de Geographia* de Fernández de Enciso (Sevilla, 1519). A la derecha, una esfera armilar.

cofre cerrado por dos llaves en poder del piloto mayor y del jefe de cosmógrafos.

Respecto al modo de navegación, como los barcos no podían ceñirse al viento, si éste venía de cara, seguían un curso en zig-zag y, por eso, los vientos contrarios podían alargar muchísimo un viaje. En diciembre de 1494, en las costas de la Española, Colón avanzó 32 millas en 25 días.

Retrato anónimo de Pedro de Medina, autor de *El arte de Navegar*, que aparece con un astrolabio en la mano y el puerto de Sevilla al fondo.

Es frecuente leer:

«y andando barloventeando de una parte a otra, porque no podían entrar en el puerto a aquella hora, porque es el viento terral o de la tierra hasta las diez o las once, que tornará a la mar» (la flota de Boadilla ante Santo Domingo).

Con buen tiempo, las velocidades podían ser fabulosas. Las de Colón constituyeron un verdadero récord que no se superaría en más de un siglo. En el primero de sus viajes tardó 33 días en cubrir la distancia de las Canarias a San Salvador. En 1493, 29 días. En 1498, 40, y en el cuarto viaje, 21. En febrero de 1493, la *Pinta* y la *Niña* navegaron a 600 millas náuticas, es decir, casi a once nudos. Comparemos estos datos con el tiempo medio para igual travesía en el período 1551-1650, que fue de 67 días.

Un cartógrafo, compás en mano y rodeado de todos los instrumentos de su ciencia. Los cartógrafos facilitaron enormemente la tarea de los navegantes, proporcionándoles los mapas necesarios para seguir adecuadamente el rumbo.

Los peligros atmosféricos y de la propia navegación, y muy pronto el riesgo de ataque de navíos enemigos o piratas impusieron la navegación en grupo, el sistema de flotas. Ya en 1526 se prohíbe a todas las naves comerciales atravesar solas el océano: hay que ir en convoy, en grupo, bajo la escolta de navíos de guerra. Una flota se componía de unos diez navíos, de distinto calado, que iban «en conserva» o escoltados. Pronto se fijarán dos grandes flotas, casi las únicas permanentes de transporte de hombres y objetos a Indias, la flota de México o de Nueva España y la de Tierra Firme o Centroamérica, de la que se desprendían barcos que iban a empalmar con los puertos del Pacífico, hasta Lima y Chile. La primera solía partir de la Península en primavera (para regresar al año siguiente), la segunda en verano. En los puertos de escala o en los finales (Cartagena de Indias, Portobelo, La Habana) la llegada de la flota era todo un acontecimiento. Las ciudades revivían, se llena-

El arte de navegar

La Habana (aquí se ven el puerto y la ciudad) era una de las escalas importantes de las flotas que iban al Nuevo Mundo o regresaban de él.

El arte de navegar

La velocidad del navío se calculaba por medio de una cuerda enrollada en un carrete, que llevaba una tabla atada al estremo. Se arrojaba la tabla por la proa y se medía lo que tardaba en llegar a la popa. Más tarde se utilizó una cuerda con nudos: el número de nudos que pasaban por los dedos de un marino en el recorrido de la tabla entre proa y popa daba la velocidad del barco en nudos.

ban de viajeros llegados de todas partes y la animación, las transacciones comerciales, la fiebre de compra y venta se unía a la vida disoluta, las juergas, las peleas, los duelos.

La Habana solía ser la última etapa antes del retorno, y el mejor puerto del Caribe para reparar los barcos y recoger provisiones. Zarpaban de allí en plenilunio, porque se había observado que entonces las corrientes tenían menos fuerza. La ruta era la siguiente: remontando el canal de Bahama, al este de Florida, se dirigían a las Bermudas, que solían bordear por el norte hasta recibir los vientos del Oeste. Al sentir su fuerza impulsora, se iban dejando llevar, pues ese «motor» les llevaba derechitos por el Atlántico hasta las Azores.

Hacían escala en una de esas islas portuguesas donde ya les estaba esperando un barco rápido o del «aviso», que debía informar, sobre todo, de si había enemigos en la ruta.

A fines del XVI la flota de Tierra Firme —que navegaba, claro está, a la velocidad del barco más lento— solía tardar 70 días en cubrir la travesía de la Península a Cartagena de Indias; allí recalaban dos meses; tardaban luego 10 días en llegar a Portobelo. Se detenían allí un mes, para regresar de nuevo al puerto de Cartagena, donde permanecían otro mes. El trayecto a La Habana duraba 25 días. Pasaban allí las últimas dos o tres semanas, y en la última etapa La Habana-Azores-Península invertían 50 días.

La flota de Nueva España, por su parte, seguía la ruta de las Canarias a Puerto Rico, donde se quedaba una semana, y de allí a Veracruz, en el golfo de México, para quedarse todo el invierno. En marzo del año siguiente se iniciaba la carga de los navíos para salir en abril rumbo a La Habana, donde permanecía unos 20 días. Partían luego en junio para llegar a la Península al cabo de mes y medio o dos meses, siguiendo la misma ruta de la flota de Tierra Firme.

En cada escala —sobre todo en las primeras— se vigilaba estrechamente los barcos para evitar el contrabando, que subieran a bordo polizones, o que algún barco se escapara de la «conserva» para dirigirse solo a un puerto portugués donde disponer libremente de la mercancía. Pero sobre todo se vigilaba que no hubiese enemigos o corsarios. Despachos de este tipo son frecuentes:

«Dado que la flota de Nueva España se encuentra a punto de zarpar y como quiera que en pocos días se espera la llegada de las que vienen de Indias, las noticias que se tienen de la aparición de corsarios ingleses hacen proponer al Consejo... que se envíen barcos de guerra a los puertos clave o que se ponga so-

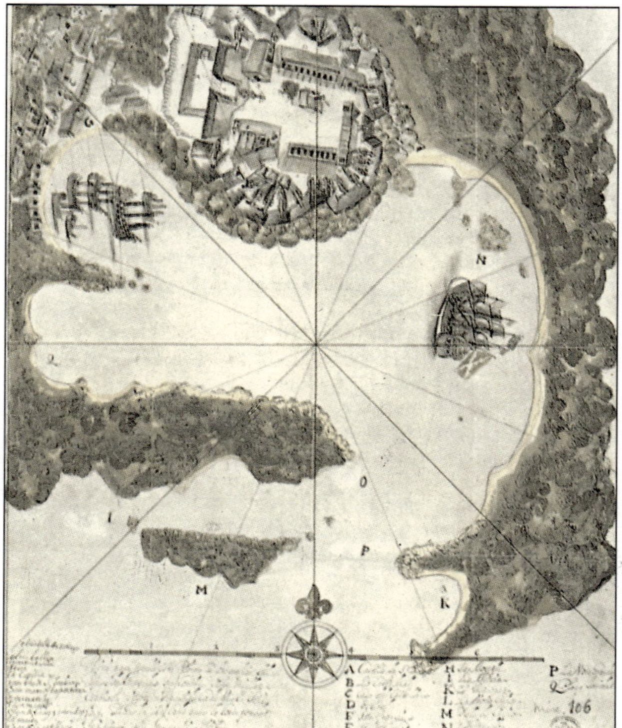

La flota de Nueva España salía en primavera de Sanlúcar. Al llegar al Caribe, se separaban los buques con destino a las Antillas. El resto se dirigía hacia Santo Domingo y Cuba, para llegar después al Golfo de México y, allí, a su destino final, Veracruz. Desde dicho puerto las mercancías que transportaban los galeones se distribuían por todos los territorios de la Corona.

bre aviso a las escasas guarniciones o habitantes de esos puertos.»

En las costas andaluzas, nada más divisarse las primeras naves de una flota, siempre muy esperada, todos se ponían en movimiento: estibadores, empleados, marineros, comerciantes, intermediarios, los que esperaban envíos de parientes o amigos, compradores, oportunistas, pícaros y oficiales de la Casa de Contratación. Mientras la noticia de la llegada se remitía a galope a la Corte, un funcionario de la Casa subía a cada nave y cortaba toda comunicación con tierra hasta haber cotejado la carga y la nómina de tripulantes con las instrucciones de partida. Sólo entonces podían los barcos remontar el Guadalquivir y descargarlo todo bajo vigilancia extrema, ya que el rey se quedaba con una parte de los tesoros de Indias, el denominado «quinto real» (que solía ser mucho menos de una quinta parte, pese al nombre) y cobraba aranceles de las demás mercancías.

Aunque siempre que navegaban varios barcos juntos existían normas de comunicación (así los

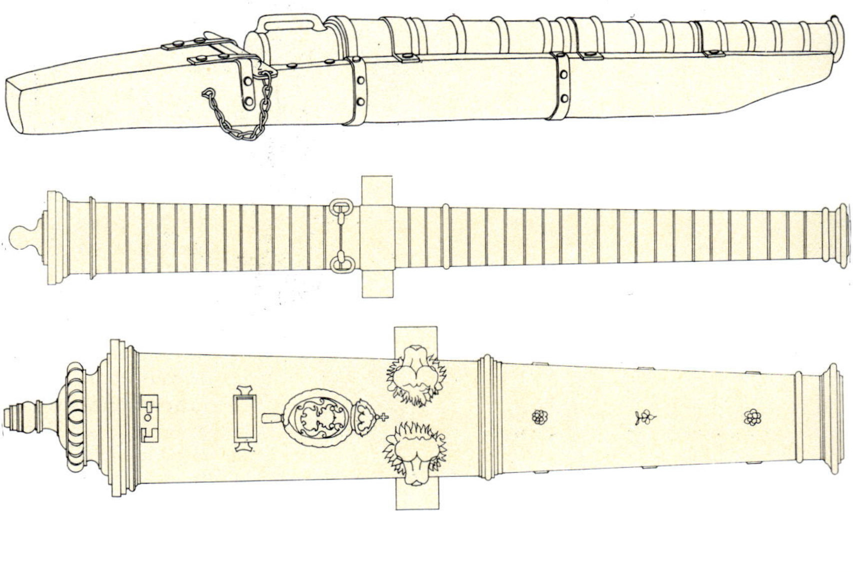

Cañones de los siglos XV y XVI. Arriba, cañón de retrocarga del siglo XV. Debajo, serpentín de hierro forjado, de 1450. Abajo, cañón de bronce del año 1545.

tres navíos de 1492 se juntaban cada atardecer para que conferenciaran los capitanes) y códigos de señales, las ordenanzas se volverían muy detalladas respecto a las flotas y su navegación, para evitar colisiones y faltas de entendimiento. Así, si un navío divisaba barco extranjero de bandera desconocida debía lanzar un cañonazo y bajar las dos gavias. Si divisaba varios, desplegaría la vela mayor y los seguiría. Al divisar tierra debía lanzar una salva y arbolar el pabellón de popa. Si hubiera motín de tripulación, debía disparar un cañonazo (si le dejaban, suponemos) y arriar velas.

Ataque de la flota inglesa, al mando de Sir Francis Drake, contra Santo Domingo en 1586. Drake, excelente marino, causó no pocos quebraderos de cabeza a la Corona española.

7

Tempestades y naufragios

El cronista Cieza de León, al referirse al Nuevo Mundo indica:

«En cuya Navegación y descubrimiento de tantas tierras el prudente lector podrá considerar cuántos trabajos, hambre y sed, temores y peligros y muertes los españoles pasaron; cuánto derramamiento de sangre y vidas suyas costó.»

En el siglo XV los hombres vivían sometidos a los designios de la Providencia. Y los marineros ya sabían que el mayor peligro en el mar, tras el hambre, la sed y la enfermedad, era la tempestad. Los ligeros cascos de naos o carabelas, hechos para sostener un inmenso velamen que sirviera de fuerza propulsora, en caso de tempestad debían replegar todas las velas, dejarse llevar y confiar en la suerte. A veces la tempestad duraba tantos días que más que la habilidad marinera ponía a prueba simplemente la capacidad humana de resistencia. Sólo cuando en el siglo XIX se introduzcan velas mejores y más pe-

No todos los peligros de la travesía eran meras supersticiones. El naufragio constituía un riesgo cierto para los navegantes.

queñas podrán salir las naves de una tempestad con ciertas probabilidades de no perder el rumbo.

La expresión escueta sería

«dióles una dura tormenta que les hizo mucho daño».

Otras, más coloristas, añadirán detalles:

«Vino una tan desaforada tormenta que a los ojos de todos se hundieron los dos navíos... El otro arrebatólo el viento rompiendo las amarras de las anclas y llévalo el viento... el cuarto, sobre las anclas que debían ser grandes, y buenos cables, tantos golpes dió en él la mar que pensando que se hiciera pedazos saltaron en la barca y viniéronse a tierra...»

Tempestades y naufragios

La tempestad era, para los marinos de la época de los descubrimientos, uno de los mayores peligros que se podía presentar.

Tempestades y naufragios

Y esta es la descripción de Colón de una experiencia similar:

«La tormenta era terrible, y en aquella noche me desmembró los navíos; a cada uno llevó por su cabo sin esperanças salvo de muerte; cada uno d'ellos tenía por cierto que los otros eran perdidos (...) Ochenta y ocho días avia que no me avia dexado espantable tormenta, atanto que no vide el sol ni estrellas por mar, que a los navíos tenía yo aviertos, a las velas rotas y perdidas, anclas y xarcia, cables con las barcas y muchos vastimentos, la gente muy enferma (...) Nueve días anduve perdido sin esperança de vida. Ojos nunca vieron la mar tan alta, fea y hecha espuma (...) El cielo jamás fue visto tan espantoso. Un día con la noche ardió como forno y assí echava la llama con los rayos, que cada vez mirava yo si me havía llevado los másteles y velas. Venían con tanta furia y

Interpretación romántica del naufragio de la *Santa María* en la costa de la Española (hoy Haití). El buque naufragó el 25 de diciembre del año 1492.

espantables que todos creíamos que me avían de fundir los navíos. En todo este tiempo jamás cessó agua del cielo, y no para dezir que llovía, salvo que resegundava otro diluvio. La gente estaba ya tan molida que deseavan la muerte para salir de tantos martirios. Los navíos ya avían perdido dos vezes las barcas, anclas, cuerdas y estavan abiertos, sin velas.»

Y esa pesadilla equivale a un accidente que, al alejar de la ruta por caminos inesperados, en ocasiones genera descubrimientos, como el caso de las islas de Cabo Verde en 1456, o las costas del Brasil por Vicente Yáñez Pinzón en enero del año 1500.

En caso de tormenta o al chocar con peñas o rocas por «ser la costa muy brava y no haber en ella puerto donde pudiesen surgir», por ejemplo, el frágil cascarón se abre. Como en este relato:

«Un navío trompieza en una peña o isleta que no vieron y ábrese por medio. Alguna gente de la del navío quedó asida en la mitad dél, porque se abrió por medio, y otros algunos asiéronse a las tablas que cada uno cerca de sí pudo hallar. Destos acaeció que un padre y un hijo juntamente tomaron una tabla y no era tan larga o capaz que por ella, juntos ambos, pudiesen escapar; dijo el padre al hijo: "Hijo, sálvate tú con la bendición de Dios y déjame a mí, que soy viejo, ahogar."»

Se puede imaginar el final, que narra Bartolomé de las Casas.

Aparte del naufragio, solía ocurrir que los barcos encallaran o chocaran con bajos si no seguían ruta bien conocida o no se atendía a las instrucciones detalladas. El peligro aparecía, sobre todo, al aproximarse a islas caribeñas, con muchos bajos y arrecifes coralinos, o al entrar a bahías o puertos. Indica Cieza que...

«...el piloto que entrare ha de saber bien el río, y si no pasará gran trabajo, como lo he pasado yo y otros muchos por llevar pilotos nuevos».

Tempestades y naufragios

Los pilotos debían ser expertos y estar siempre alerta en las regiones desconocidas, evitando los arrecifes y las corrientes que les arrastrasen a las rocas. Todo ello mejoró cuando se pudo disponer de cartas de navegación fiables, realizadas gracias al riesgo de los exploradores.

Tempestades y naufragios

Y añade Vespucio que:

«la ignorancia de quienes gobiernan las naves alarga la ruta sin medida. Tras esta tempestad ni uno solo de nuestros pilotos sabía dónde nos hallábamos».

La excesiva confianza, el agotamiento de grumetes y pajes en su oficio sacrificado, la frecuente sobrecarga y vejez del navío explican los accidentes. Y entonces, con el barco encallado, había que echar lastre y procurar salvar lo más posible. Cuenta Bernal Díaz que, en uno de esos casos...

«...echaron muchos tocinos al agua y otras cosas que traían para matalotaje (...) y cargaron tantos tiburones a los tocinos que a unos marineros que se echaron al agua a más de la cinta los tiburones, encarnizados en los tocinos, apañaron a un marinero dellos y le despedazaron y tragaron».

Si el barco se iba a pique había que salvarse metiéndose en una de las pequeñas barcas o nadando. Uno se convertía en náufrago, en muchas ocasiones sin la menor idea de dónde se encontraba. Existieron abundantes robinsones españoles que se aclimataron a vivir con los indios no colonizados o que se convirtieron en sus prisioneros.

El más famoso de todos esos naufragios fue el de Alvar Núñez Cabeza de Vaca, sevillano de la expedición de Pánfilo de Narváez, que deambuló durante siete años por el sureste de los actuales

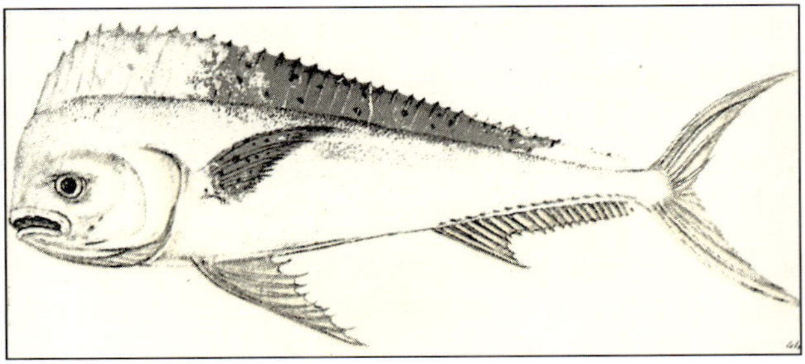

Las aguas del Nuevo Mundo estaban pobladas por una variedad increíble de peces. Este delfín es obra del pintor inglés del siglo XVI John White.

Estados Unidos. Para orientarse y procurar llegar a tierra de cristianos después de tan larga marcha había que tener cierta experiencia de explorador; había que observar todos los indicios de ríos, montañas y tierras, pues si está «cavada a la manera que suele estar tierra donde anda ganado» será tierra poblada por españoles. Habrá que cuidar también de la orientación, pues

«...siempre tuvimos por cierto que yendo la puesta del sol habíamos de hallar lo que deseáramos».

Tempestades y naufragios

Estas imágenes narran el destino de la expedición de Pedro Alvarez Cabral hacia las Indias, en el 1500. Se perdieron cuatro navíos durante una tempestad (uno de ellos al mando de Bartolomé Díaz). Otro encalló y se incendió, y otro se separó de la flota y muy probablemente acabó hundiéndose.

8

Deseos, temores, sueños

Todo es fácil si las cosas salen bien. Pero los peligros abundan. Nieblas que pueden ocultar islas enteras y hacer que se pasen de largo (por eso tal vez las consideraban como cierto tipo de enfermedad), temporales —¡y también las temibles calmas, cuando el barco no avanza durante días!—, accidentes, ataques de barcos enemigos, enfermedades, hambres. Hemos visto que las propias cartas marinas son poco fiables, y también que se cuenta con la presencia de lo desconocido, apariciones o monstruos.

Para el marinero del siglo XVI existían islas en el Atlántico Norte que sólo eran verdaderas en los sueños o en la imaginación calenturienta, como Antilia, la de las Siete Ciudades, la de San Barandán, la de las Amazonas (en todas ellas

Grupo de carabelas españolas en plena batalla contra los indios.

creía Colón y creyeron todos los españoles durante siglos), islas repletas de maravillas y de tesoros. Incluso podía buscarse y encontrarse la Fuente de la Eterna Juventud, en busca de la cual marchara Ponce de León, el descubridor de Puerto Rico, o el mismo Paraíso Terrenal, que Colón creyó localizar en el Orinoco,

«...porque el sitio es conforme a la opinión de estos sanctos e sacros theólogos, y asimismo las señales son muy conformes, que yo jamás leí ni oí con tanta cantidad de agua dulçe fuese así adentro e vezina con la salada; y en ello ayuda asimismo la suavísima temperancia».

Los portugueses, en sus exploraciones hacia el sur de África, ya habían temido llegar a tierras donde no se cumplieran las habituales leyes físicas y naturales a que estaban acostumbrados. Al temor se unía cierto inconfesable deseo de ver esos temidos mares verdes y oscuros y esas lagunas innavegables llenas de monstruos, que habían citado los geógrafos árabes. Más al sur deberían llegar a una zona tórrida, donde los hombres se tornaban negros, donde había ríos de fuego que descendían de las montañas y don-

Ante lo desconocido

Al sur y al oeste de Europa se suponía la existencia del «Mar de la oscuridad», habitado según las leyendas por terribles monstruos como esta enorme serpiente.

de el mar estaba tan caliente que quemaba las naves.

El milagro lo vivían cotidianamente, al no querer ni poder interpretar científicamente la realidad. El cronista Pigafetta, del viaje de Magallanes, dice, por ejemplo:

«Aparecía en más de una ocasión el cuerpo Santo, esto es, Santo Elmo, como otra luz entre las nuestras, sobre la noche oscurísima; y de tal esplendor cual antorcha ardiendo en la punta de la gabia (...) Cuando esa bendita luz determinaba irse, permanecíamos medio cuarto de hora todos ciegos, implorando misericordia y creyéndonos muertos ya.»

Se trata de la electricidad acumulada, del fuego fatuo. Los fuegos fatuos o fuegos de San Telmo, como llamaban generalmente los marineros a las «llamas» azuladas que aparecían sobre los extremos de los mástiles o en los cabos tras una tormenta, no son sino el resultado de la acumulación de la electricidad en el ambiente, bajo ciertas condiciones de humedad extrema. Pero para los campesinos de muchas regiones se trata de espíritus malignos, y el verse rodeados por ellos no hacía sino incrementar su terror.

En caso de peligro extremo la sensibilidad acallada salía a flote en forma de llantos, gemidos y expresiones muy teatrales. En una ocasión, dice Alvar Núñez,

«más estábamos cerca de la muerte que de la vida... estuvimos pidiendo a Nuestro Señor misericordia y perdón de nuestros pecados, derramando muchas lágrimas».

Era el simple reflejo de una época en la que se lloraba mucho:

«...derramaron muchas lágrimas de compasión que de él tuvieron».

Dicen de un caso en que luego los indios se apiadaron de los españoles y...

Ante lo desconocido

El veneciano Antonio Pigafetta fue el cronista del viaje de Magallanes en torno al mundo. En esta imagen le vemos representado a los cuarenta años, algunos después de la famosa expedición.

«...comenzaron todos a llorar recio... y esto les duró más de media hora».

Todas las emociones se manifiestan de forma exacerbada; al llegar un barco que llevaban tiempo esperando, pues podían pasar meses o años de espera, sin posibilidad alguna de recibir información previa

«...recibieron tanta alegría que de gozo no podían hablar».

El miedo a lo desconocido y la fe en lo extraordinario les hacía muy religiosos o muy supersticiosos, dados a hacer promesas a santos y vírgenes para librarse de males presentes o imaginados.

Ante lo desconocido

La *Virgen de los navegantes,* obra de Alejo Fernández (hacia 1535), simboliza el deseo de llevar el cristianismo a las nuevas tierras, una de las motivaciones de la era de los descubrimientos.

Ante lo desconocido

«Como el más corto remedio sea Dios nuestro Señor, y de Este nunca desconfiamos...»

Indica Alvar Núñez. Cuanto acontezca se debe a sus designios. Y apostilla Colón:

«Todo es vano cuanto acá en este siglo se haze, salvo aquello que es honra y servicio de Dios.»

Respecto al ideal del marinero o del explorador, aclara Las Casas que:

«Los pobres que siempre desean novedades porque silogizan que no les puede venir cosa nueva que sea peor que la pobreza que tienen a cuestas, y siempre se prometen con lo nuevo mejoría».

Y añade que quien regresaba de Indias con ciertas riquezas,

«por poco que fuese, según entonces estaba España pobre de dinero, era tenido en mucho y hacía perder el miedo de navegar mares tan profundas y de tan luenga distancia nunca jamás navegada».

En conclusión,

«...ninguno acá pasaba sino para, cogiendo oro, de-

Las nuevas tierras se suponían pobladas por monstruos, que protagonizaban muchas leyendas que corrían de boca en boca entre las gentes de la época.

sechar de sí la pobreza de que España en todos los estados abundaba».

La ilusión es como el cuento de la lechera:

«Todos iban muy lozanos porque creían que volverían en breve tiempo con gran riqueza a España; vieron este deseo algunos cumplido y otros murieron en su pobreza.»

La forma de hacerse rico, de destacar, era sencilla: sólo con esfuerzo se consigue el triunfo. Y todo triunfo se traduce en riquezas y en oro. El oro, escribía Colón,

«es excelentísimo; del oro se hace tesoro y con él quien lo tiene hace cuanto quiere en el mundo, y llega a que echa las ánimas al Paraíso».

Pizarro amonestaba a sus hombres:

«...que sufriesen con paciencia aquellas cosas, porque nunca mucho bien y gran provecho se alcanza livianamente y con facilidad».

Y añade Cieza de León:

«...y determinaron de saltar en tierra y ver lo que había en ella y si hallaban más oro, que es la pretensión

La riqueza, el afán de lucro, fue el verdadero motor de la aventura colonizadora. Los indígenas eran utilizados prácticamente como esclavos para extraer de la tierra los metales preciosos que codiciaban los colonizadores.

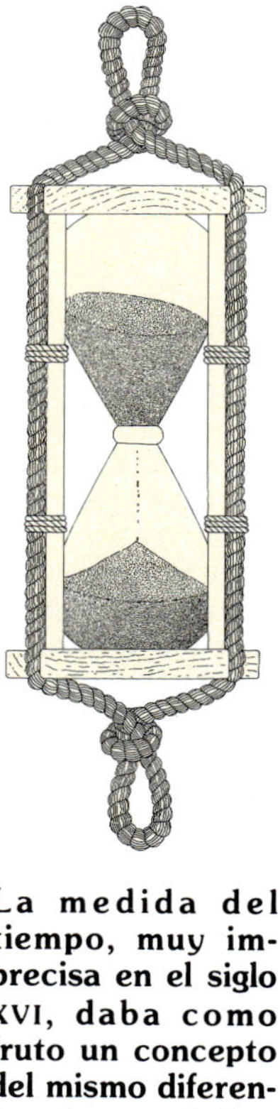

La medida del tiempo, muy imprecisa en el siglo XVI, daba como fruto un concepto del mismo diferente a la actual. Las ampolletas no eran demasiado exactas, y para los hombres de la época las horas tenían un sentido distinto que el que adquirieron para los de la era del cronómetro.

de los que de España venimos a estas Indias, habiéndose de anteponer a todo por dar a estas gentes noticias de nuestra sagrada religión».

En esta época la cultura escrita era privilegio de unos pocos; la mayoría se basa en la tradición oral transmitida de padres a hijos, en el respeto a los superiores y dirigentes y en aceptar la condición en que se nació.

Y como el nacimiento marca el destino de una persona, se convierten en míticos quienes saltan esas barreras y escalan la fama y nobleza, mediante la milicia —es decir, las guerras—, la carrera eclesiástica o el descubrimiento en Indias. Para esta última empresa se exige valor, audacia, resistencia, perseverancia... y mucha suerte. La Corona, por su parte, necesita mantener la ilusión, el entusiasmo, el mito del descubridor entre el pueblo llano y los chavales, para conseguir mucho voluntario, mucha cantera que, a bajo coste, siguiera explorando el interior de un nuevo e inmenso continente. Porque hacia 1500 del Nuevo Mundo sólo se conocía el perfil externo, apenas la línea de la costa y de las islas que se extiende desde el golfo de México al extremo meridional del continente.

El concepto del tiempo en el siglo XVI era muy distinto al nuestro, aunque sólo fuera porque escaseaban los relojes, y a bordo el único que funciona es el sistema de las ampolletas. El tiempo se mide por el sol, por las estrellas, pero nadie tiene calendario ni agenda, y el paso de los años sólo se advierte porque los hijos crecen y uno va envejeciendo. El concepto de tiempo va ligado a la conciencia religiosa, a la confianza en el control superior del mismo por algo superior al hombre: la Divina Providencia.

El descubridor, el marinero, era un solitario aunque perteneciera a una tripulación; resultaba difícil explorar o pasar a Indias cargado de familia. Por ello, en España quedarán muchas mujeres abandonadas y muchas familias pendientes de la posible suerte del ausente. Y...

«como se hubiese dicho tantas cosas del Perú, y España estuviese tan inquieta con los tesoros que habían venido, muchos para pasar de acá vendían sus haciendas (...) los oficiales dejaban sus oficios y muchos a sus mujeres con deseo de tener oro y de aquella plata».

No sin razón se dijo que la codicia es raíz de todos los males. Como muchos se iban y dejaban a sus mujeres mozas y hermosas, acuérdome, estando yo en Córdoba harto muchacho, que oía un cantar que decía entre otras cosas:

«"los que fuéredes al Perú
guardáos del cucurucú"»

Es decir, que las mozas encontraban otro compañero con quien soportar la espera.

Ante lo desconocido

Aunque las expediciones de los descubridores las formaban exclusivamente varones, pronto comenzaron a viajar mujeres al Nuevo Mundo, en los viajes de colonización. Parece que el primer grupo llegó a La Española en 1502.

Datos para una historia

Años	Descubrimientos y conquistas	Historia de España
1000-100	Los vikingos llegan a Groenlandia (985) Los vikingos desembarcan en América del Norte (1000)	Alfonso VI reconquista Toledo (1085) Rodrigo Díaz de Vivar, *el Cid,* conquista Valencia (1094) Ramón Berenguer III, conde de Barcelona (1097)
1100-300	Marco Polo emprende viaje a Asia (1271)	Batalla de las Navas de Tolosa (1212) Construcción de La Alhambra (1250) Alfonso X *el Sabio,* rey de Castilla y León (1252-1284)
1300-400		Alfonso XI de Castilla vence a los benimerines (batalla del Salado) (1340) La Peste Negra asola la Península (1348) Rebelión Trastámara en Castilla (1354)
1400-500	Conquista de las islas Canarias (1402) Los portugueses exploran las islas Madeira (1418) Bartolomé Díaz llega al cabo de Buena Esperanza (1487) Colón llega a las Indias (1492) Juan Caboto llega a las costas de Norteamérica (1497) Vasco de Gama llega a la India (1498) V. Yáñez Pinzón descubre el Brasil (1500)	Alfonso V el Magnánimo conquista el reino de Nápoles (1442) Comienza el reinado de los Reyes Católicos (1474) Comienza a actuar la Inquisición (1478) Alzamiento de los Payeses de Remensa dirigidos por Pere Joan Sala (1484) Conquista del reino de Granada (1492) Expulsión de los judíos (1492) Conq. de Tenerife (1494) y Melilla (1497)
1500-600	Vasco Núñez de Balboa atraviesa el istmo centroamericano y descubre el océano Pacífico (1513) Cortés comienza la conquista de México (1519) Magallanes y Elcano realizan la primera circunvalación de la Tierra (1522) Pizarro conquista el Imperio Azteca (1532) Expedición de Legazpi a las Filipinas (1565) Expedición de Mendaña a las islas Salomón (1568) Fundación de Manila, en Filipinas (1570) Segunda fundación de Buenos Aires (1580)	Se funda la Casa de Contratación en Sevilla (1503) Muere Fdo. de Aragón. Carlos I, rey (1516) Revueltas de las Comunidades (Castilla) y las Germanías (Valencia) (1520) Se crea el Consejo de Indias (1524) Abdica Carlos V: Felipe II, rey; comienza el Siglo de Oro (1556) Los Países Bajos se sublevan (1565) Derrota de los turcos en Lepanto (1571) El duque de Parma conquista los Países Bajos del Sur (1578) España conquista Portugal (1580) La Armada Invencible (1588)
1600-700	Expedición de Fernández de Quirós a la Tierra Austral (1605) Torres avista las costas australianas (1607) Henry Hudson descubre la bahía de Hudson (1607) Fundación de Nueva Amsterdam (después de Nueva York) (1626) Los franceses fundan Montreal (1642) Abel Tasman llega a Australia y Nueva Zelanda (1642)	Expulsión de los moriscos (1609) Guerra con Francia (1622-1630) Nueva guerra con Francia (1635) Rebeliones catalana y portuguesa (1640) Paz de los Pirineos: fin de la guerra con Francia (1659) Muere Felipe IV; Carlos II *el Hechizado,* rey (1665) Muere Carlos II (1700); comienza la Guerra de Sucesión (1701).

Historia Universal	Ciencia, cultura y arte
Batalla de Hastings: triunfo de los normandos (1066) El Islam domina Africa (1069) Los cruzados toman Jerusalén (1099)	*Cantar de Roldán,* poema heroico francés (1100) Declinar de la ciencia islámica (1100)
México: fin del Imperio Tolteca (1151) Saladino toma Jerusalén (1187) Fin del imperio de Gengis Khan (1227)	Fundación de la Universidad de Bolonia (1119) Fundación de la Universidad de París (1150) Comienzos de la Universidad de Oxford (1170)
México: los aztecas fundan Tenochtitlan (1325) La Peste Negra azota Europa (1348) Cisma de Occidente (1378)	Dante escribe la *Divina Comedia* (1307-1321) Boccaccio publica *El Decamerón* (1353) Chaucer escribe los *Cuentos de Canterbury* (1387-1400)
Inicio del Imperio Azteca (1400) Esplendor del Imperio Inca en Perú (1438) Fin de la Guerra de los Cien Años entre Inglaterra y Francia (1453) Caída de Constantinopla en poder de los turcos (1453) Inglaterra: Guerra de las Dos Rosas (1455) En Florencia gobierna Lorenzo de Médicis (1478-1492) Carlos VIII de Francia invade Italia (1494)	Jan y Hubert Van Eyck introducen los colores al óleo en la pintura (1415) Frescos de Masaccio en Santa María Novella (Florencia (1427) Primer libro impreso: Biblia de Gutemberg (1454) Botticelli pinta *El nacimiento de Venus* (1484) Leonardo da Vinci pinta *La Ultima Cena* (1497) Francisco de Rojas: *Tragicomedia de Calixto y Melibea* (1499) Primera edición de *La Celestina* (1499)
Inglaterra: sube al trono Enrique VIII (1509) Francia: muere Luis XII; Francisco I, rey (1515) Dieta de Worms: excomunión de Lutero (1521) Rebeliones campesinas en Alemania (1524) Comienza el Concilio de Trento (1545) Ivan IV *el Terrible,* zar de Rusia (1547) Batalla de San Quintín: Francia derrotada por España e Inglaterra (1557) Inglaterra: muere María Tudor; Isabel II, reina (1558-1603) Guerras de religión en Francia (1562-1598) Francia: Enrique IV inicia la dinastía borbónica (1589)	Leonardo pinta *La Gioconda* (1503) Miguel Angel comienza a pintar la Capilla Sixtina (1508-1512) Rafael pinta *La escuela de Atenas* (1510) Maquiavelo publica *El Príncipe* (1513) Tomás Moro publica *Utopía* (1516) Ticiano pinta *La bacanal* (1518) Nacimiento del Manierismo (1520) Castiglione publica *El Cortesano* (1528) Rabelais publica *Pantagruel* (1532) Comienza el primer Barroco (1550)
Inglaterra: muere Isabel I; le sucede Jacobo II (Estuardo) (1603) Comienza la Guerra de los Treinta Años (1618-1648) Los Padres Peregrinos llegan a Nueva Inglaterra en el *Mayflower* (1620) Richelieu, primer ministro de Francia (1624-1642) Inglaterra: Ejecución de Carlos I (1649). Francia: monarquía absoluta de Luis XIV (1661) Rusia: Pedro I, zar (1689-1725)	Se publica la primera parte de *El Quijote* (1605) Kepler: *Astronomia Nova* (1609) Galileo: *Sidereus Nuncius* (1610) Shakespeare estrena *La Tempestad* (1611) Bernini esculpe su *David,* barroco (1624) René Descartes: *Discurso del Método* (1637) Velázquez pinta *Las Meninas* (1656)

Glosario

alcázar
Tolda o espacio que media, en la cubierta superior de un navío, entre el palo mayor y la popa.

ampolleta
Reloj de arena o intervalo de tiempo medido con él.

aparejo
Conjunto de palos, vergas, jarcias y velas.

barbote (o barbera)
Enrejado de hierro que llevaban las armaduras antiguas.

bauprés
Palo grueso, horizontal o algo inclinado, colocado en la proa y que sobresale de ella.

bolina
Cabo que tensa la relinga de una vela para que reciba mejor el viento.

boneta
Vela que se une a otra por la relinga inferior, para poder aumentar la superficie de ésta cuando los vientos soplaban con poca fuerza.

broma
Molusco lamelibranquio del género Teredo que se fija a los cascos de madera de los buques, perforándolos.

cabo
Cualquiera de las cuerdas que se emplean a bordo de un buque.

calafatear
Tapar las junturas entre las maderas de los navíos con estopa y brea para impermeabilizarlas.

capacete
Casco de metal sin cresta ni visera.

capuz
Capa o capote, o vestido largo y holgado, con capucha.

carena
Parte normalmente sumergida de la nave, o reparo y arreglo del casco.

casco
Cuerpo de la nave, sin aparejo.

castillo
Cubierta pequeña en la proa de las naos, o bien parte de la cubierta comprendida entre el palo trinquete y la proa.

cebadera
Vela que se colocaba en una percha por debajo del bauprés.

codaste
Madero grueso en posición vertical sobre el extremo de popa de la quilla, o parte de esta que sirve de soporte a la armazón de esa parte del buque.

cofa
Meseta colocada horizontalmente en el palo de un barco para facilitar la maniobra de las velas, y como puesto de vigía.

contador
Funcionario de la administración real española. El contador de Castilla era el encargado de recoger los impuestos reales. En su origen, el cargo recibía el nombre de almojarife.

coselete
Armadura ligera, generalmente de cuero, que usaron primero los soldados de caballería y más tarde los de infantería.

chuza
Chuzo. Palo armado con un pincho de hierro, que se usa a modo de lanza.

eslora
Longitud de la nave medida en la primera cubierta, desde el codaste a la roda por la parte de dentro.

estancar
Impermeabilizar el casco del buque.

falcón
Cañón antiguo, de calibre variable.

falconete
Pieza de artillería pequeña, que se colocaba sobre la borda por medio de una horquilla.

gamella
Plato de madera o metal para el rancho diario.

gavia
Vela que se coloca en el mástil mayor de la nave, o, por extensión, la vela de cualquier otro palo.

gobernalle
Timón.

gorgúz
Especie de lanza corta.

gratil
Extremidad u orilla de una vela, por donde se une al palo o a la verga.

jarcias
Aparejos y cabos (cuerdas) de un barco.

lenguaraz
El que habla con descaro o atrevimiento.

lombarda
Pieza de artillería.

manga
Medida de la anchura mayor de un navío.

maravedí
Moneda española, cuyo origen fue el dinar de oro almorávide, de diferentes valores según las épocas.

merino
Raza de carnero de gran tamaño. Tejido de lana o algodón.

mesana
En los buques de tres palos, mástil más próximo a proa, o vela colocada en él.

pábilo
Mecha o torcida de las velas y candiles.

papahígo
Vela mayor, sin bonetas.

pipa
Tonel de madera para guardar líquidos, especialmente vino y aceite.

puente
Plataforma situada sobre la cubierta, desde la que se dan las órdenes.

relinga
Cabo con el que se refuerzan los bordes de las velas.

rescate
Mercancía de poco valor usada para comerciar con los indios.

roda
Pieza gruesa y curva que forma la proa de la nave.

rodela
Escudo delgado y redondo que servía para cubrir el pecho de los soldados.

serón
Espuerta más larga que ancha que se utiliza para transportar cargas sobre las caballerías.

sobresaliente
Tripulante de las galeras dedicado al combate.

sonda
Instrumento para medir la profundidad del agua.

surgir
Fondear. Inmovilizar la nave por medio de las anclas.

tolda
Cubierta de popa, encima de la principal.

toldilla
Cubierta de popa más alta que la tolda y que sirve de techo a la cámara.

trinquete
Verga mayor que se cruza sobre el palo de proa.

veedor
Inspector público u oficial que se ocupaba de la intendencia en la administración de las capitanías.

verga
Percha a la cual se asegura el grátil de una vela.

Indice alfabético

Bibliografía

Bennassar, B.: *La América española y la América portuguesa (siglos XVI-XVIII)*. Akal. Madrid, 1980.

Boorstin, D. J.: *Los descubridores*. Crítica. Barcelona, 1986.

Caselli, G.: *El Renacimiento y el Nuevo Mundo*. Colección La vida en el pasado. Anaya. Madrid, 1986.

Claridge, J.: *El descubrimiento de América*. Plesa-SM. Madrid, 1976.

Colón, C.: *Diario de a bordo*. Colección Tus Libros. Anaya. Madrid, 1985.

Chaunu, P.: *Conquista y explotación de los nuevos mundos (siglo XVI),* Colección Nueva Clío. Labor. Barcelona, 1977.

Domínguez Company, F.: *La vida en las pequeñas ciudades hispanoamericanas de la conquista*. Ed. Cultura Hispánica. Madrid, 1987.

López Piñero, J. M.: *El arte de navegar en la España del Renacimiento*. Ed. Labor. Barcelona, 1986.

Lucena Salmoral, M., (ed.): *El descubrimiento y la fundación de los reinos ultramarinos hasta fines del siglo XVI* (tomo VII de la *Historia General de España y América*). Rialp. Madrid, 1982.

Morales Padrón, F.: *Cristóbal Colón, Almirante de la Mar Océana*. Biblioteca Iberoamericana. Anaya. Madrid, 1988.

Nuñez Cabeza de Vaca, A.: *Naufragios y comentarios*. Taurus. Madrid, 1969.

Ramos, D.: *Los viajes españoles de descubrimiento y rescate*. Colección Tierra nueva e Cielo Nuevo. Casa-Museo de Colón. Valladolid, 1981.

Zaragoza, G.: *Colón y el Descubrimiento*. Biblioteca Básica de Historia (Monografías). Anaya. Madrid, 1988.

Zaragoza, G.: *Los grandes descubrimientos*. Biblioteca Básica de Historia. Anaya. Madrid, 1987.